सरदार जाफ़री

लोकप्रिय शायर और उनकी शायरी

सरदार जाफ़री

संपादक : प्रकाश पंडित
सह-संपादक : सुरेश सलिल

सरदार जाफ़री की जीवनी और उनकी बेहतरीन
नज़्में, ग़ज़लें और शे'र

राजपाल

ISBN : 9789350643150

प्रथम संस्करण : 2016 © राजपाल एण्ड सन्ज़

SARDAR JAFARI (Life-Sketch & Poetry)

Editor : Prakash Pandit, Associate Editor : Suresh Salil

राजपाल एण्ड सन्ज़

1590, मदरसा रोड, कश्मीरी गेट-दिल्ली-110006

फोन: 011-23869812, 23865483, फैक्स: 011-23867791

e-mail : sales@rajpalpublishing.com

www.rajpalpublishing.com

www.facebook.com/rajpalandsons

क्रम

इश्क़ का नग़मा जुनूं के साज़ पर गाते हैं हम
अपने ग़म की आँच से पत्थर को पिघलाते हैं हम

जीवनी

मेरे हाथों में है सूरज का छलकता हुआ जाम
मेरे अशआर में है इशरते-फ़र्दा[1] का पयाम

ईसा पूर्व 347 में यूनान के सर्वविख्यात वैज्ञानिक और दार्शनिक अफ़लातून (Plato) ने अपने काल्पनिक प्रजातंत्र राज्य में से कवियों को इसलिए निकाल दिया था कि उसके विचार में, 'कविता वास्तविकता की प्रतिकृति है और वह भी तीसरी श्रेणी की। क्योंकि असल वास्तविकता की प्रतिकृति यह संसार है और उसकी प्रतिकृति यह कविता।'

अट्ठारहवीं शताब्दी के उर्दू के सर्वप्रथम जन-कवि 'नज़ीर' अकबराबादी को बाज़ारू और अश्लील शायर कहकर उन्नीसवीं शताब्दी के प्रसिद्ध उर्दू साहित्यकार मोहम्मद हुसैन 'आज़ाद' ने उसे शायरी के सिंहासन पर बिठाने से इनकार कर दिया था।

और इस बीसवीं सदी में भी आज से दस-बारह वर्ष पूर्व उर्दू के प्रसिद्ध व्यंग्य-लेखक कन्हैयालाल कपूर ने अपने एक हास्य-व्यंग्य लेख में स्वर्गीय 'हाली' (उर्दू के प्रथम सुधारवादी शायर और लेखक) को नये सिरे से जीवित दिखाकर उससे प्रगतिशील शायरों का परिचय कराते हुए लिखा था कि जब 'मजाज़' लखनवी और सरदार जाफ़री ने (कपूर ने इनके उपनाम बिगाड़कर लिखे थे) उस भरी महफ़िल में प्रवेश किया तो उनके कन्धों पर लाल झंडे थे और वे बाक़ायदा मार्च करते और गाते आ रहे थे :

'मज़दूर हैं हम, मज़दूर हैं हम !'
कपूर के कथनानुसार, " 'हाली' ने बड़े आश्चर्य से उन नवागन्तुकों की ओर देखा और बौखलाकर कहा, 'आप अगर मज़दूर हैं तो जाइये, जाकर कहीं मज़दूरी कीजिए, यहाँ शायरों की महफ़िल में आपका क्या काम'।"

---

1. सुनहरे भविष्य का संदेश

लेकिन होता यह है कि स्वयं अफ़लातून का शिष्य अरस्तू (Aristotle) अपने गुरु के काव्य-सम्बन्धी विचारों की अवहेलना करता है और कविता या साहित्य को मानव-जीवन को समझने और उसे सुन्दर बनाने के लिए आवश्यक बल्कि अनिवार्य सिद्ध करता है।

उन्नीसवीं सदी में जिस शायर को मेलों-ठेलों, त्योहारों और घरेलू घटनाओं को सीधे-सादे ढंग से व्यक्त करने के अपराध में अश्लील और बाज़ारू कहा गया और यह भविष्यवाणी हुई कि उसकी शायरी को कभी अमरत्व प्राप्त नहीं होगा, आज उसी 'नज़ीर अकबराबादी' की शायरी के बिना उर्दू साहित्य का इतिहास अपूर्ण नज़र आता है और हमें उसे अपना पूर्वज शायर कहकर बड़े गौरव का अनुभव होता है। बल्कि डॉक्टर फ़ेलन जैसा अंग्रेज़ आलोचक तो यहाँ तक कह देता है—" 'नज़ीर' ही उर्दू का वह एकमात्र शायर है (अपने काल का) जिसकी शायरी यूरोप वालों के काव्य-स्तर के अनुसार सच्ची शायरी है।"

और गुस्ताख़ी मुआफ़, कन्हैयालाल कपूर के जीवन-काल में ही, बल्कि उसकी राय (व्यंग्य ही सही) के केवल दस-बारह वर्ष बाद, सरदार जाफ़री शे'रो-अदब की किसी महफिल से निकाले जाने की बजाय उस महफ़िल का जीवन बल्कि आत्मा नज़र आता है। और ऊपर के उदाहरण इस धारणा को सुदृढ़ करने में हमारी सहायता करते हैं कि शायर कोई अलौकिक जीव नहीं होता कि जिस पर जीवन के परिवर्तनशील मूल्यों का कोई प्रभाव ही नहीं होता और जो अपने काल की परिस्थितियों से दामन बचाकर जीवित रह सके। बल्कि शायर का दिल बड़ा भावुक और उसकी नज़र बड़ी दूरगामी होती है। वह केवल अतीत और वर्तमान की ही ओर नहीं देखता, उसकी दृष्टि भविष्य पर भी पड़ती है और मानव-विकास का बोध उसे मनुष्य के भविष्य को उज्ज्वल बनाने के लिए तत्पर और संघर्षशील करता है। लेकिन उसके पास परिवर्तन लाने का साधन चूँकि शायरी होता है इसलिए स्वयं सरदार जाफ़री के कथनानुसार, "वह न तो कुल्हाड़ी की तरह पेड़ काट सकता है और न इन्सानी हाथों की तरह मिट्टी से प्याले बना सकता है। वह पत्थर से बुत नहीं तराशता, बल्कि जज़्बात और एहसासात की नयी-नयी तस्वीरें बनाता है। वह पहले इन्सान के जज़्बात

पर असर-अन्दाज़ होता है और इस तरह उसमें दाख़ली (अंतरंग) तब्दीली पैदा करता है और फिर उस इन्सान के ज़रिये से माहौल (वातावरण) और समाज को तब्दील करता है।

शायर और शायरी की इस परिभाषा को यदि ठीक मान लिया जाये तो सरदार जाफ़री और उनकी शायरी दोनों इस पर बिलकुल पूरे उतरते हैं। मानव-विकास को समझने, जीवन के मिटते हुए मूल्यों का भेद पा लेने, प्रगतिशील शक्तियों से अपना सीधा सम्बन्ध स्थापित करने और अपनी कलात्मक ज़िम्मेदारी का पूरी तरह अनुभव कर लेने के बाद जब उन्होंने शायरी के मैदान में क़दम रखा और जो कुछ उन्हें कहना था, बड़े स्पष्ट स्वर में कहने लगे तो शायरी की रूढ़िगत परम्पराओं के उपासकों का बौखला उठना ठीक उसी प्रकार आवश्यक था जिस प्रकार कि 'आज़ाद' को 'नज़ीर' के यहाँ बाज़ारूपन और अश्लीलता नज़र आयी थी। लेकिन आज चूँकि जीवन की गति अट्ठारहवीं और उन्नीसवीं सदी से कहीं तेज़ है और मानव-बोध पहले से कहीं आगे निकल चुका है, इसलिए सरदार जाफ़री को और उन्हीं की तरह सोचने वाले अन्य प्रगतिशील एवं क्रान्तिकारी शायरों को अपनी बात ग्राह्य और प्रामाणिक सिद्ध करने के लिए अधिक प्रतीक्षा नहीं करनी पड़ी, और चूँकि सरदार जाफ़री का राजनैतिक बोध और काव्य-उद्भावना बड़े सन्तुलित ढंग से एक-दूसरे से घुल-मिल चुके हैं और उन्हें घटनाओं और परिस्थितियों को शायरी के सांचे में ढालकर दिल में उतारने की क्षमता प्राप्त है, इसलिए हम देखते हैं कि जिन विचारों को वह नज़्म करते हैं, वे सीधे हमारे मस्तिष्क को छूते हैं और हमारे भीतर जो स्थायी चुभन और तड़प, वेग और प्रेरणा उत्पन्न करते हैं, उनसे न केवल हमें जीवन को समझने में सहायता मिलती है बल्कि हमारे भीतर बेहतर भविष्य के संग्राम में योग देने की भावना जाग उठती है।

आधुनिक उर्दू शायरी का यह साहसी शायर, जो शान्ति और भाईचारे के प्रचार और परतंत्रता, युद्ध और साम्राजी हथकंडों पर कुठाराघात करने के अपराध में परतंत्र भारत में भी कई बार जेल जा चुका है और स्वतंत्र भारत में भी, 29 नवम्बर, 1913 को बलरामपुर, ज़िला गोंडा (अवध) में

पैदा हुआ। घर का वातावरण उत्तर-प्रदेश के मध्यवर्गीय मुस्लिम घरानों की तरह ख़ालिस मज़हबी था, और चूँकि ऐसे घरानों में 'अनीस' के मर्सियों को वही महत्त्व प्राप्त है जो हिन्दू घरानों में *गीता* के श्लोकों और *रामायण* की चौपाइयों को, अतएव अली सरदार जाफ़री पर भी घर के मज़हबी और इस नाते अदबी (साहित्यिक) वातावरण का गहरा प्रभाव पड़ा और अपनी छोटी-सी आयु में ही उन्होंने मर्सिये (शोक-काव्य) कहने शुरू कर दिये और 1933 ई. तक बराबर मर्सिये कहते रहे। उनका उन दिनों का एक शे'र देखिये :

अर्श तक ओस के क़तरों की चमक जाने लगी
चली ठंडी जो हवा तारों को नींद आने लगी

लेकिन बलरामपुर से हाई स्कूल की परीक्षा पास करके जब वह उच्च शिक्षा के लिए मुस्लिम यूनिवर्सिटी अलीगढ़ पहुँचे तो वहाँ उन्हें अख़्तर हुसैन रायपुरी, सिब्ते-हसन, जज़्बी, मजाज़, जां निसार 'अख़्तर' और ख्वाजा अहमद अब्बास ऐसे लेखक साथी मिले और वह विद्यार्थियों के आन्दोलनों में भाग लेने लगे। फिर विद्यार्थियों की एक हड़ताल (वायसराय की एग्जीक्यूटिव काउंसिल के सदस्यों के विरुद्ध जो अलीगढ़ आया करते थे) कराने के सम्बन्ध में यूनिवर्सिटी से निकाल दिया गया तो उनकी शायरी का रुख़ आप-ही-आप मर्सियों से राजनैतिक नज़्मों की ओर मुड़ गया। एंग्लो-एरेबिक कॉलेज दिल्ली से बी.ए. और लखनऊ विश्वविद्यालय से एम.ए. करने के बाद जब वह बम्बई पहुँचे और कम्युनिस्ट पार्टी के सक्रिय सदस्य बने और फिर उन्हें बार-बार जेल-यात्रा का सौभाग्य प्राप्त हुआ तो उनकी शायरी ने ऐसे पर-पुर्ज़े निकाले और उनकी ख्याति का वह युग प्रारम्भ हुआ कि प्रतिक्रियावादियों को कौन कहे स्वयं प्रगतिशील लेखक भी दंग रह गये।

उनके समस्त कविता-संग्रहों 'परवाज़', 'नयी दुनिया को सलाम', 'ख़ून की लकीर', 'अमन का सितारा', 'एशिया जाग उठा' और 'पत्थर की दीवार' का अध्ययन करने से जो चीज़ बड़े स्पष्ट रूप में हमारे सामने आती है और जिसमें हमें सरदार की कलात्मक महानता का पता चलता है, वह यह है कि उन्हें मानवता के भव्य भविष्य पर पूरा-पूरा भरोसा

है। ऐतिहासिक बोध और सामाजिक अनुभवों से उन्होंने यह भेद पा लिया है कि संसार में व्यक्तियों और वर्गों की पराजय तो हो सकती है और होगी, लेकिन मनुष्य अजेय है। विश्व-इतिहास में ऐसा कोई उदाहरण नहीं मिलता जब मनुष्य की पराजय हुई हो; और चूँकि उसका परिश्रम उसके अपने बोध का ही नहीं, बहुत हद तक उसके वातावरण का भी स्रष्टा होता है, इसलिए वह सदैव सफल और विजयी रहेगा; और यही कारण है कि हमें सरदार जाफ़री के यहाँ किसी प्रकार की निराशा, थकन, अविश्वास और करुणा का चित्रण नहीं मिलता, बल्कि उनकी शायरी हमारे मन में नयी-नयी उमंगें जगाती है और हम शायर की सूझ-बूझ और उसके आशावाद से प्रभावित हुए बिना नहीं रह सकते। कुछ शे'र देखियेः

गो मेरे सिर पे सियह[1] रात की परछाईं है,
मेरे हाथों में है सूरज का छलकता हुआ जाम
मेरे अफ़कार[2] में है तल्ख़ी-ए-इमरोज़[3] मगर,
मेरे अशआर में[4] है इशरते-फ़र्दा का[5] पयाम

और

सिर्फ़ इक मिटती हुई दुनिया का नज़्ज़ारा न कर,
आलमे-तख़्लीक़ में[6] है इक जहां ये भी तो देख
मैंने माना मरहले हैं सख़्त राहें हैं दराज़[7],
मिल गया है अपनी मंज़िल का निशाँ ये भी तो देख

यहाँ तक कि उनकी रोमांटिक नज़्मों में भी संघर्षशीलता की वही भावना रची-बसी है जो उनकी राजनैतिक और क्रान्तिकारी नज़्मों में हमें मिलती है। उनकी नज़्म 'इन्तिज़ार न कर' का एक टुकड़ा देखिये :

मैं तुझको भूल गया इसका एतबार न कर,
मगर खुदा के लिए मेरा इन्तिज़ार न कर !
अजब घड़ी है मैं इस वक्त आ नहीं सकता,
सरूरे-इश्क़[8] की दुनिया बसा नहीं सकता,
मैं तेरे साज़े-मोहब्बत पे गा नहीं सकता,

---

1. काली 2. चिंतन में 3. आज की कटुता 4. शे'रों में 5. भविष्य के सुख का 6. निर्माण की अवस्था में 7. लम्बी 8. प्रेम के नशे की

मैं तेरे प्यार के क़ाबिल नहीं हूँ प्यार न कर,
न कर ख़ुदा के लिए मेरा इन्तिज़ार न कर !

जाफ़री की शायरी की आयु लगभग वही है जो भारत में 'प्रगतिशील लेखक संघ' की। लेखक संघ का यह ज़माना भारत के अतिरिक्त संसार-भर में अशान्ति का ज़माना रहा है। एक ओर भारत अंग्रेज़ी साम्राज्य की ज़ंजीरों से मुक्त होने के लिए हाथ-पैर मार रहा था तो दूसरी ओर साम्राज्ञी शक्तियाँ अपने ख़ूनी जबड़े खोले नये-नये देश निगलने को लपक रही थीं। एक ओर दूसरे महायुद्ध के भयानक परिणाम संसार को आर्थिक संकट की लपेट में ले रहे थे और चारों ओर बेकारी और बेरोज़गारी का भूत दनदना रहा था तो दूसरी ओर रूस की साम्यवादी जीवन-व्यवस्था मनुष्य-मात्र के कल्याण के लिए मंज़िलों पर मंज़िलें मार रही थीं और सारी दुनिया के श्रमजीवी उस जीवन-व्यवस्था से प्रभावित हो रहे थे। फिर भारत का विभाजन हुआ और लाखों व्यक्ति धर्म के नाम पर कट मरे। और आज फिर पूरी दुनिया तीसरे महायुद्ध के भय से कंपकंपा रही है। इस प्रकार की राष्ट्रीय और अन्तरराष्ट्रीय परिस्थतियों में किसी दयानतदार शायर या लेखक के लिए चुप रहना या अपना कोई अलग काल्पनिक संसार बसा लेना किसी प्रकार सम्भव न था, अतएव सरदार जाफ़री जैसे मानव-प्रेमी शायर ने प्रत्येक अवसर पर न केवल अपनी मानव-मित्रता की मशाल जलाई बल्कि मानव-शत्रुओं के विरुद्ध अपनी पवित्र घृणा भी प्रकट की। बग़ावत, फ़रेब, तेलंगाना, सैलाबे-चीन, जश्ने-बग़ावत इत्यादि नज़्मों के शीर्षक देखने भर से पता चल जाता है कि शायर की उँगली हर समय बदलती हुई राष्ट्रीय और अन्तरराष्ट्रीय परिस्थतियों की नब्ज़ पर रही है और उसकी समूची शायरी के अध्ययन से यह वास्तविकता खुलकर सामने आ जाती है कि उसने केवल परिस्थतियों की नब्ज़ सुनने तक ही स्वयं को सीमित नहीं रखा, बल्कि उन धड़कनों के साथ-साथ उसका अपना दिल भी धड़कता रहा है। लेकिन इन्हीं कारणों से कुछ आलोचकों की राय यह भी है कि अधिकतर सामयिक विषयों पर शे'र कहने के कारण सरदार जाफ़री की शायरी भी सामयिक है और नयी परिस्थतियाँ उत्पन्न होते ही उसका महत्त्व कम हो जायेगा। एक हद तक मैं भी उन साहित्यकारों से सहमत हूँ लेकिन सरदार जाफ़री

के इस कथन को एकदम झुठलाने का भी मैं साहस नहीं कर पाता, जिसमें वह स्वयं अपनी शायरी को सामयिक स्वीकार करते हुए कहते हैं, ''हर शायर की शायरी वक़्ती (सामयिक) होती है। मुमकिन है कि कोई और इसे न माने लेकिन मैं अपनी जगह यही समझता हूँ। अगर हम अगले वक़्तों के राग अलापेंगे तो बेसुरे हो जायेंगे। आने वाले ज़माने का राग जो भी होगा, वह आने वाली नस्लें गायेंगी। हम तो आज ही का राग छेड़ सकते हैं।''

(पत्थर की दीवार की भूमिका से)

लेकिन इसके साथ ही जब वह अपनी यानी शायर की विशेषता इन शब्दों में जताते हैं कि :

> मैं हूँ सदियों का तफ़क्कुर[1] मैं हूँ क़र्नों का[2] ख़याल,
> मैं हूँ हमआग़ोश अज़ल से[3] मैं अबद से हमकिनार[4] ।
>
> मेरे नग़्मे क़ैदे-माहो-साल से[5] आज़ाद हैं,
> मेरे हाथों में है लाफ़ानी[6] तमन्ना का सितार ।
>
> नक़्शे-मायूसी में[7] भर देता हूँ उम्मीदों का रंग,
> मैं अता[8] करता हूँ शाख़े-आरज़ू[9] को बर्गो-बार[10] ।
>
> चुन लिये हैं बाग़े-इन्सानी से अरमानों के फूल,
> जो महकते ही रहेंगे मैंने गूँथे हैं वो हार ।
>
> आज़री[11] जलवों को दी है ताबिशे-हुस्ने-दवाम[12],
> मेरी नज़रों में है रोशन आदमी की रहगुज़ार[13] ।

और उनके इस दावे पर हम उनकी शायरी को परखते हैं तो और जो भी परिणाम निकालें, यह बात हमें अवश्य विदित हो जाती है कि वह किसी एक जाति, किसी एक वर्ग या किसी एक दल के शायर नहीं, समूची मानवता के शायर हैं और उनकी शायरी इतिहास के बदलते हुए मूल्यों की घोतक है।

---

1. मनन 2. सदियों का 3. आदि काल को अपने बाहुपाश में लिये हुए 4. अन्तकाल के गले मिला हुआ 5. वर्षों और महीनों की क़ैद से 6. अमर 7. निराशा के रेखा-चित्र में 8. प्रदान 9. आकांक्षा रूपी टहनी को 10. फल-फूल 11. अस्थायी 12. अमर सुन्दरता की चमक 13. पथ

अब कुछ शब्द मैं सरदार जाफ़री की काव्य-कला के बारे में भी कहना चाहता हूँ क्योंकि कुछ लोगों के ख़याल में सरदार जाफ़री जब भावावेश में होते हैं तो कला के नियत तक़ाज़ों पर से उनकी नज़र उचट जाती है। यह दुरुस्त है कि उनकी कुछ प्रारम्भिक नज़्मों की कुछ पंक्तियों का ढीलापन कानों को खटकता है और कुछ स्थानों पर उनका स्वर काव्यात्मक कम और भाषणात्मक अधिक हो गया है।[1] लेकिन सामूहिक रूप से उनकी शायरी कला के तमाम गुणों-लक्षणों को अपने दामन में लिये हुए है। उनके यहाँ रूप और विषय का ऐसा सुन्दर समन्वय है कि उर्दू साहित्य की परम्पराओं में अच्छी तरह रची-बसी होने पर भी हमें उनकी शायरी बिलकुल नयी मालूम होती है। इस पर उन्होंने उर्दू शायरी को जो नयी उपमायें और रूपक दिये हैं और मुक्त छन्द की टैक्नीक को सँवारा-निखारा है, उससे आधुनिक उर्दू शायरी की विशालता एवं उसके क्षेत्र में वृद्धि भी हुई है और वह रंगारंग भी हो उठी है। अपनी उपमाओं और रूपकों के नयेपन के बारे में स्वयं जाफ़री का कहना है कि :

"पुरानी तश्बीह और इस्तआरे (उपमा और रूपक) एक बहुत बड़ा ख़ज़ाना ज़रूर हैं, लेकिन इस ख़ज़ाने पर क़नाअत (सन्तोष) कर लेना नादानी है, कभी तो इनके इस्तेमाल से बड़ा हुस्न पैदा हो जाता है लेकिन कभी-कभी वो ख़यालात और एहसासात (अनुभूतियों) को जकड़ भी लेते हैं और असलियत पर पर्दा डाल देते हैं। चूँकि ज़िन्दगी की नयी हकीकतें (वास्तविकतायें) नये तरीक़े-इज़हार और अन्दाज़े-बयान (वर्णन-शैली) का मुतालबा करती हैं, इसलिए मैं बग़ैर किसी झिझक के नयी तश्बीह और इस्तआरे भी इस्तेमाल करता हूँ और नयी इमेजरी (Imagery) भी। मैंने इस उसूल को बहुत मुफ़ीद पाया है कि तश्बीह और इस्तआरे और इमेजरी

---

1. 'इक़बाल' और 'जोश' से प्रभावित होने के कारण या विषय-विशेष के कारण। क्योंकि सरदार जाफ़री के कथनानुसार, "रूप या आकार विषय पर आश्रित हैं।" उनका कहना है, "हैयत (रूप या आकार) का हुस्न बहुत ज़रूरी है लेकिन हैयत मौज़ू (विषय) की मोहताज है। इसलिए कि हैयत का मौज़ू के बग़ैर कोई तसव्वुर (कल्पना) नहीं किया जा सकता और चूँकि इन्सान बग़ैर तस्वीरों और अल्फ़ाज़ (शब्दों) के कुछ सोच नहीं सकता इसलिए मौज़ू अपनी हैयत साथ लेकर आता है। शायर का तजुर्बा और मश्क़ (अभ्यास) उस हैसियत को अपनी सलाहियतों (क्षमताओं) से और ज़्यादा ख़ूबसूरत बना सकता है।"

मौज़ू के माहौल (वातावरण) से हासिल करने चाहिये। इसलिए आपको मेरे यहाँ ऐसे *मिस्रए* (पंक्तियाँ) मिलेंगे जैसे :

शाम की आँख में बारूद के काजल की लकीर

या

पहरेदारों की निगाहों से टपकता है लहू,
राइफ़ल करती है फ़ौलाद के होंटों से कलाम,
गोलियां करती हैं सीसे की जुबां से बातें।

या

चावलों की सूरत पर मुफ़लिसी बरसती है"

अच्छा शायर होने के अतिरिक्त सरदार जाफ़री अच्छे आलोचक भी हैं। *नया अदब* (मासिक पत्रिका) के सम्पादन[1] काल में उन्होंने अपनी जिस आलोचनात्मक योग्यता का परिचय दिया और पिछले दिनों *तरक़्क़ी-पसन्द अदब*[2] का इतिहास लिखते हुए ज्ञान के जितने बड़े भंडार के साथ वह हमारे सामने आये, उससे यह तय करने में कठिनाई होती है कि वह शायर बड़े हैं या आलोचक। शायर और आलोचक के अतिरिक्त वह बहुत अच्छे भाषणकर्ता भी हैं।[3] उन्होंने कहानियाँ भी लिखी हैं और नाटक भी।[4] लेकिन इतना कुछ लिखने पर भी वह कहते हैं :

ये तो हैं चंद ही जल्वे जो झलक आये हैं,
रंग हैं और मेरे दिल के गुलिस्ताँ में अभी।
मेरे आग़ोशे-तख़य्युल[5] *में हैं लाखों सुबहें,*
आफ़ताब[6] *और भी हैं मेरे गिरेबां में अभी।*

---

1. सरदार जाफ़री बम्बई से त्रैमासिक *निगाह* भी निकालते रहे हैं 2. चार भागों की पुस्तक का पहला भाग *अंजुमन तरक़्क़ी-ए-उर्दू* अलीगढ़ से प्रकाशित हो चुका है 3. किसी भी समय और किसी विषय पर कहिये जाफ़री बिना थके बोल सकते हैं। सच बात कहने और फिर प्रमाणों द्वारा उस कड़वे सत्य को मनवाने का उन्हें ऐसा कमाल हासिल है कि सैद्धांतिक रूप से उनसे मतभेद रखने वाले लोग भी उनका भाषण सुनकर एक बार तो मंत्रमुग्ध हो ही जाते हैं 4. कहानी-संग्रह 'मंज़िल' और नाटकों का संग्रह 'यह किसका ख़ून है', के नाम से प्रकाशित हैं 5. कल्पना-रूपी गोद 6. सूरज

और उनके इस कथन से हमें उनके व्यक्तित्व को समझने में बड़ी सहायता मिलती है। मैं सरदार जाफ़री को दस बरस से जानता हूँ और एक-दो बार मुझे उनके आतिथ्य का भी सौभाग्य प्राप्त हो चुका है और मुझे आशंका है कि यदि मैं उनके व्यक्तित्व के सम्बन्ध में कुछ लिखने बैठूँगा तो अलग से एक पुस्तक हो जायेगी। अतएव अपनी ओर से कुछ लिखने की बजाय मैं उर्दू के एक प्रसिद्ध साहित्यकार अहमद नदीम क़ासमी के कुछ शब्द यहाँ नक़ल करता हूँ :

''वह एक मुस्तक़िल-मिज़ाज नौजवान, निडर सिपाही और पाकीज़ा-दिल[1] दोस्त है। अपने नज़रियात[2] के इज़हार[3] और ऐलान से उसे कोई ताकत नहीं रोक सकती। लेकिन वह मुख़ालिफ़ीन के[4] एतराज़ात[5] सुनकर तिलमिला उठने का आदी नहीं। उसका दिमाग़ मुतवाज़न[6] है। वक़्ती जोशो-ख़रोश से वह मुतास्सिर[7] नहीं होता बल्कि हर काम की इब्तदा करने से पहले अंजाम को महसूस करता और मस[8] कर लेता है। उसकी शायरी में भी हुस्न और उमक़[9] है और शख़्सियत[10] में भी। वह सूबजाती तअ़स्सुब[11] से बुलंद और एक आ़लमगीर अख़ुवत[12] का अ़लमबरदार[13] है। ज़िन्दगी ने उसके साथ अनगिनत मज़ाक़ किये हैं, मगर जवाब में उसने ज़िन्दगी को अपना ऐसा मुतीअ़[14] बना लिया है कि अब उसकी नज़रों में हिमालय की बुलंदी और ओक़यानूस[15] की गहराई यकसां[16] हैसियत रखती हैं।''

हाँ, अपनी ओर से यदि सरदार जाफ़री के व्यक्तित्व के बारे में मुझे केवल एक वाक्य कहना पड़े तो मैं कह सकता हूँ कि जाफ़री से मिलने से पूर्व उनकी शायरी के माध्यम से जितना ख़तरनाक व्यक्ति मैं उन्हें समझता था, मिलने पर वह मुझे उससे कहीं अधिक मासूम नज़र आये।

ज्ञानपीठ पुरस्कार के अतिरिक्त इकबाल सम्मान एवं कई अन्य देशी-विदेशी सम्मानों से अलंकृत श्री जाफ़री ने अपने लेखन की शुरुआत 17 साल की उम्र में की थी। तरक्कीपसन्द आन्दोलन के स्तम्भ श्री जाफ़री जल्द ही एक शायर के रूप में उर्दू अदब में जाने गये, पर

---

1. शुद्ध हृदय 2. धारणाओं के 3. प्रकटीकरण 4. विरोधियों के 5. आक्षेप 6. सन्तुलित 7. प्रभावित 8. स्पर्श 9. गहराई 10. व्यक्तित्व 11. प्रांतीय संकीर्णता से 12. विश्वव्यापी भ्रातृत्व का 13. ध्वज-वाहक 14. अनुयायी 15. अटलांटिक महासागर 16. समान

उन्होंने अपनी रचनात्मकता की छाप अफ़साना, आलोचना, नाटक एवं सम्पादन में भी छोड़ी। शायर के रूप में मशहूर होने से पहले श्री जाफ़री अफ़साना-निगार के रूप में स्थापित हुए। उनका पहला कहानी संग्रह 'मंज़िल' 1938 में आ गया था, जबकि उनकी शायरी की पहली किताब 'परचम' 1943 में प्रकाशित हुई।

बहुमुखी प्रतिभा के धनी श्री जाफ़री ने अवाम की मुक्ति के लिए हर क्षेत्र में अपनी कलम चलाई। साथ ही आज़ादी की लड़ाई में बढ़-चढ़कर भाग लिया और आज़ादी के बाद भी सक्रिय सामाजिक जीवन जिया। सामंती परिवार में जन्मे जाफ़री देश के नाज़ुक मसलों पर बेहद संजीदा थे और अपनी शायरी में वह इन नाज़ुक मसलों को उठाते रहे।

आज़ादी के साथ मुल्क के बँटवारे ने जाफ़री को बुरी तरह तोड़ दिया। जाफ़री के मामा को दंगाइयों ने मौत के घाट उतार दिया और उनके परिवार को पाकिस्तान जाने पर मजबूर होना पड़ा, लेकिन जाफ़री ने हिम्मत नहीं हारी और हिन्दुस्तान में ही रहकर हालात का सामना करने का फैसला किया। बँटवारे की ज़बर्दस्त मुखालफत करनेवाले जाफ़री पर पाकिस्तान हुकूमत ने जुलाई 1977 तक अपने मुल्क में आने पर पाबंदी लगा दी। बाद में उसी साल दुनिया के सबसे मशहूर शायरों में से एक, इकबाल के जन्मशती समारोह के सिलसिले में वह लाहौर और सियालकोट गये।

वक्त गुज़रने के साथ जाफ़री ने खुद को सियासत से दूर कर लिया और अदब (साहित्य) के प्रति समर्पित हो गये। जाफ़री सभी ज़ुबानों की सरहदों को पार कर हरदिलअज़ीज़ बन गये। नोबेल पुरस्कार विजेता पाबलो नेरूदा जैसे अपने वक्त के मशहूर साहित्यकार उनके करीबी दोस्त थे।

उनके दौर के कई शायरों ने खराब माली हालात की वजह से फिल्मों की तरफ़ रुख कर लिया, लेकिन जाफ़री ने संजीदा अदब से नाता नहीं तोड़ा। ज़िन्दगी के आखिरी पड़ाव में जाफ़री ने दुनिया में अमन फैलाने को अपना मकसद बना लिया। मई, 1998 में भारत के पोखरण परमाणु परीक्षण से खिन्न जाफ़री ने खुले तौर पर प्रधानमन्त्री अटल बिहारी वाजपेयी से अपनी नाराज़गी ज़ाहिर की थी।

वाजपेयी ने अपनी लाहौर यात्रा के दौरान पाकिस्तान की अवाम को मुहब्बत और अमनो-चैन की नज़्मों से लबरेज जाफ़री की नज़्मों का ऑडियो कैसेट 'सरहद' का तोहफा दिया था।

उनकी मशहूर किताबों में जेल में लिखी गई *पत्थर की दीवार* का नाम सबसे ऊपर है। इसके अलावा *अवध के फाके हसीं, मेरा सफ़र, नयी दुनिया को सलाम, खून की लकीर* और *पैराहन ए शरर* को भी खासी मकबूलियत हासिल हुई। उन्होंने *कबीर की बानी* का सम्पादन भी किया, जिसमें कबीर के दोहे संकलित हैं। उन्होंने मीराबाई और मिर्ज़ा ग़ालिब की कुछ किताबों का भी सम्पादन किया।

जाफ़री ने सन् साठ के दशक में अपनी कलम से हिन्दी फिल्म जगत को भी एक से एक मिठास-भरे गीत दिये। उन्होंने सबसे पहले 1952 में ख्वाजा अहमद अब्बास की फिल्म ‘अनहोनी’ के लिए गीत लिखे। उनका गीत ‘इस दिल की हालत क्या कहिए’ उन दिनों बहुत मशहूर हुआ था। इसी वर्ष उन्होंने पंकज मलिक की फिल्म ‘जलजला’ के लिए गीत लिखे। अगले वर्ष उन्होंने दिलीप कुमार-अभिनीत फिल्म ‘फुटपाथ’ के लिए मज़रूह सुलतानपुरी के साथ मिलकर गीत लिखे और इस फिल्म का ‘शाम-ए-गम की कसम’ गीत लोगों की जुबान पर चढ़ गया था। उन्होंने 1953 में फिल्म ‘धोबी डॉक्टर’ के लिए फिर से मज़रूह सुलतानपुरी के साथ मिलकर गीत लिखे। उन्होंने अब्बास की फिल्म ‘परदेसी’ के लिए प्रेम धवन के साथ मिलकर पांच गाने लिखे और एक गाना स्वयं भी लिखा।

जाफ़री ने सन् 1963 में फिल्म ‘शहर और सपना’ के लिए गाने लिखे। यह जाफ़री के गानों से सजी अन्तिम फिल्म थी, हालाँकि वह इसके बाद भी फिल्म जगत से नज़दीकी से जुड़े रहे।

सरदार जाफ़री को 1998 में भारत के सर्वोच्च साहित्यिक सम्मान भारतीय ज्ञानपीठ पुरस्कार से सम्मानित किया गया। इससे पूर्व उन्हें सोवियत लेंड नेहरू पुरस्कार (1965), पद्मश्री (1967), उत्तर प्रदेश उर्दू अकादमी का पुरस्कार (1977) और पाकिस्तान सरकार के ग़ालिब स्वर्ण पदक (1978) से सम्मानित किया जा चुका है।

अगस्त 2000 को 86 वर्ष की दीर्घायु में ब्रेन ट्यूमर से मुम्बई अस्पताल में इस महान शायर का निधन हो गया।

— प्रकाश पंडित

नज़्में

पत्थर की दीवार

क्या कहूँ भयानक है
या हसीं है ये मन्ज़र
ख़्वाब[1] है कि बेदारी[2]
कुछ पता नहीं चलता
फूल भी हैं साये भी
ख़ाक भी है पानी भी
आदमी भी मेहनत भी
गीत भी हैं आंसू भी
फिर भी एक ख़ामोशी
रूहो-दिल की तनहाई
इक तवील[3] सन्नाटा
जैसे सांप लहराये
माहो-साल[4] आते हैं
और दिन निकलते हैं
जैसे दिल की बस्ती से
अजनबी गुज़र जाये

---

1. स्वप्न 2. जाग्रत अवस्था 3. दीर्घ 4. महीने और वर्ष

चीख़ती हुई घड़ियां
ज़ख़्म-ख़ुर्दा तायर[1] हैं
नर्म रौ सुबक[2] लम्हे
मुंजमिद[3] सितारे हैं
रेंगती हैं तारीख़ें
रोज़ो-शब की[4] राहों पर
ढूँढते हैं चश्मो-दिल[5]
नक़्शे-पा[6] नहीं मिलते
ज़िन्दगी के गुलदस्ते
ज़ेबे-ताक़े-नसियां[7] हैं

पत्तियों की पलकों पर
ओस जगमगाती है
इमलियों के पेड़ों पर
धूप पर सुखाती है
आफ़ताब हँसता है
मुस्कुराते हैं तारे
चांद के कटोरे से
चांदनी छलकती है
जेल की फ़िज़ाओं में[8]
फिर भी इक अंधेरा है

---

1. घायल पक्षी 2. लघु 3. जमे हुए 4. दिन-रात की 5. आँखें और दिल 6. पदचिह्न
7. विस्मृति-रूपी ताकचे की शोभा 8. वातावरण में

जैसे रेत में गिर कर
दूध जज़्ब हो जाये
रौशनी के गालों पर
तीरगी के[1] नाख़ून की
सैकड़ों ख़राशें[2] हैं

पत्थरों   की   दीवारें

बारकों की तामीरें[3]
अज़दहों के[4] पैकर[5] हैं
जो नये असीरों को[6]
रात दिन निगलते हैं
बेहिसी की मोहरें हैं

पत्थरों   की   दीवारें

पत्थरों के फ़र्श और छत
पत्थरों   की   महराबें
पत्थरों   की   पेशानी
पत्थरों की आँखें हैं
पत्थरों   के   दरवाज़े
पत्थरों   की   अंगड़ाई
पत्थरों   के   पंजों में
आहनी[7] सलाख़ें हैं

---

1. अँधेरे के 2. चोटें 3. निर्माण 4. अजगरों के 5. आकार या शरीर 6. क़ैदियों को
7. लोहे की

और इन सलाख़ों में
हसरतें - तमन्नाएं
आरज़ूएं, - उम्मीदें
ख़्वाब और ताबीरें[1]
अश्क[2] फूल और शबनम
चांद की जवां नज़रें
धूप की सुनहरी ज़ुल्फ़
बादलों की परछाईं
सुबहो-शाम की परियां
मौसमों की लैलायें
सूलियों पे चढ़ती हैं
और इस अंधेरे में
सूलियों के साये में
इन्क़िलाब पलता है
तीरगी के[3] काँटों पर
आफ़ताब चलता है
पत्थरों के सीने से
सुर्ख़ हाथ उगते हैं
हाथ हैं कि तलवारें
रात के अंधेरे में
जैसे शम्मअ जलती है

---

1. स्वप्न फल 2. आँसू 3. अँधेरे के

उंगलियां फ़रोज़ां[1] हैं
बारकों के कोनों से
साज़िशें निकलती हैं
ख़ामशी की नब्ज़ों में
घंटियां सी बजती हैं

जाने कैसे क़ैदी हैं
किस जहां से आये हैं
नख़ूनों में कीलें हैं
हड्डियां शिकस्ता[2] हैं
नौजवान जिस्मों पर
पैरहन[3] हैं ज़ख़्मों के
जगमगाते माथों पर
ख़ून की लकीरें हैं
अश्क़[4] आग के क़तरे
सांस तुँद[5] आंधी है
बात है कि तूफ़ां है
अबरुओं की[6] जुम्बिश में[7]
अज़्म[8] मुस्कुराते हैं
और निगह की लर्ज़िश में[9]
हौसले मचलते हैं
त्यौरियों की शिकनों में
नक़्शे-पा[10] बग़ावत के

---

1. प्रकाशमान 2. टूटी हुई 3. लिबास 4. आँसू 5. तेज़ 6. भवों की 7. कम्पन या थरथराहट
8. संकल्प 9. नज़र की थरथराहट में 10. पदचिह्न

जितना ज़ुल्म सहते हैं
और मुस्कुराते हैं
जितना दुख उठाते हैं
और गीत गाते हैं
जब्र और बढ़ता है
ज़हर और चढ़ता है
ज़ालिमों की शिद्दत[1] पर
ज़ुल्म चीख़ उठता है
उनके लब[2] नहीं हिलते
उनके सर नहीं झुकते
दिल से आह के बदले
इक सदा निकलती है
''इन्क़िलाब ज़िन्दाबाद''

ख़ाके-पाक के[3] बेटे
खेतियों के रखवाले
हाथ कारख़ानों के
इन्क़िलाब के शहपर[4]
कोहसार के शाहीं[5]

---

1. वेग 2. होंठ 3. पवित्र मिट्टी 4-5. बड़े पंखों वाले पक्षी, बाज़ पक्षी

पत्थरों की कोरों पर
आंधियों की राहों पर
बिजलियों की बारिश में
गोलियों के तूफ़ां में
सर उठाये बैठे हैं

इन्क़िलाब - सामां[1] है
हिन्द की फ़ज़ा[2] सारी
नज़अ के[3] है आलम में[4]
ये निज़ामे - ज़रदारी[5]
वक़्त के महल में है
जश्ने-नौ की[6] तय्यारी
जश्ने - आमे - जमहूरी[7]
इक़्तिदारे - मज़दूरी[8]
ग़र्क़े - आतिशो - आहन[9]
बेबसी व मजबूरी
मुफ़्लिसी व नादारी
तीरगी के[10] बादल से
जुगनुओं की बारिश है
रक़्स में[11] शरारे हैं

---

1. क्रान्तिकारी 2. वातावरण 3-4. मरणासन्न अवस्था में 5. पूँजीवादी व्यवस्था 6. नव उत्सव की 7. जनतंत्र का सार्वजनिक उत्सव 8. श्रमजीवियों का शासन 9. आग और लोहे में डूबी हुई 10. अन्धकार के 11. नृत्यशील

हर तरफ़ अंधेरा है
और इस अंधेरे में
हर तरफ़ शरारे हैं
कोई कह नहीं सकता
कौन-सा शरारा कब
बेक़रार हो जाये
शोलाबार[1] हो जाये
इन्क़िलाब आ जाये

---

1. शोले बरसाने वाला

हाथों का तराना

इन हाथों की ताज़ीम[1] करो
इन हाथों की तकरीम[2] करो
दुनिया को चलाने वाले हैं
इन हाथों को तस्लीम[3] करो

तारीख़ के और मशीनों के पहियों की रवानी इनसे है
तहज़ीब की और तमद्दुन की भरपूर जवानी इनसे है
दुनिया का फ़साना इनसे है, इन्सां की कहानी इनसे है
इन हाथों की ताज़ीम करो

सदियों से गुज़र कर आये हैं, ये नेक और बद को जानते हैं
ये दोस्त हैं सारे आलम के, पर दुश्मन को पहचानते हैं
ख़ुद शक्ति का अवतार हैं ये, कब ग़ैर की शक्ति मानते हैं
इन हाथों की ताज़ीम करो

हैं ज़ख़्म हमारे हाथों के, ये फूल जो हैं गुलदानों में
सूखे हुए प्यासे चुल्लू थे, जो जाम हैं अब मयख़ानों में
टूटी हुई सी अंगड़ाइयों की मेहराबें हैं ऐवानों[4] में
इन हाथों की ताज़ीम करो

राहों की सुनहरी रौशनियाँ, बिजली के जो फैले दामन हैं
फ़ानूस हसीं ऐवानों के, जो रंग और नूर के ख़िरमन हैं
ये हाथ हमारे जलते हैं, यह हाथ हमारे रौशन हैं
इन हाथों की ताज़ीम करो

---

1. सम्मान 2. आदर-सत्कार 3. स्वीकार 4. महलों में

ख़ामोश हैं ये, ख़ामोशी से, सौ बर्बत-ओ-चंग[1] बनाते हैं
तारों में राग सुलाते हैं, तबलों में बोल छुपाते हैं।
जब साज़ में जुम्बिश होती है, तब हाथ हमारे गाते हैं
इन हाथों की ताज़ीम करो

एजाज़ है ये इन हाथों का, रेशम को छुएँ तो आँचल है
पत्थर को छुएँ तो बुत कर दें, कालिक को छुएँ तो काजल है
मिट्टी को छुएँ तो सोना है, चाँदी को छुएँ तो पायल है
इन हाथों की ताज़ीम करो

बहती हुई बिजली की लहरें, सिमटे हुए गंगा के धारे
धरती के मुक़द्दर के मालिक, मेहनत के उफ़ुक़ के सय्यारे[2]
यह चारागराने-दर्दे-जहाँ, सदियों से मगर ख़ुद बेचारे
इन हाथों की ताज़ीम करो

तख़लीक़[3] यह सोज़े-मेहनत की, और फ़ितरत के शहकार भी हैं
मैदाने-अमल में लेकिन ख़ुद, ये ख़ालिक़ भी मे'मार भी हैं
फूलों से भरे ये शाख़ भी हैं और चलती हुई तलवार भी हैं
इन हाथों की ताज़ीम करो

ये हाथ न हों तो मुहमल[4] सब, तहरीरें और तक़रीरें हैं
ये हाथ न हों तो बेमानी, इन्सानों की तक़दीरें हैं
सब हिकमतो-दानिश, इल्मो-हुनर, इन हाथों की तफ़सीरें हैं
इन हाथों की ताज़ीम करो

---

1. एक तरह का बाजा 2. क्षितिज पर घूमने वाले तारे 3. सृष्टि 4. अर्थहीन

ये कितने सबुक और नाज़ुक हैं, ये कितने सुडौल और अच्छे हैं
चालाकी में उस्ताद हैं ये, और भोलेपन में बच्चे हैं
इस झूठ की गन्दी दुनिया में, बस हाथ हमारे सच्चे हैं
इन हाथों की ताज़ीम करो

यह सरहद-सरहद जुड़ते हैं और मुल्कों-मुल्कों जाते हैं
बाँहों में बाँहें डालते हैं और दिल को दिल से मिलाते हैं
फिर ज़ुल्मो-सितम के पैरों की ज़ंजीरे-गराँ[1] बन जाते हैं
इन हाथों की ताज़ीम करो

तामीर तो इनकी फ़ितरत है, इक और नयी तामीर सही
इक और नयी तदबीर सही, इक और नयी तक़दीर सही
इक शोख़ो-हसीं ख़्वाब और सही, इक शोख़ो-हसीं ताबीर सही

इन हाथों की ताज़ीम करो
इन हाथों की तक़रीम करो
दुनिया को चलाने वाले हैं
इन हाथों को तस्लीम करो

---

1. भारी ज़ंजीरें

बम्बई

सब्ज़ो-शादाब[1] साहिल

रेत के और पानी के गीत

मुस्कराते समुन्दर का सय्याल[2] चेहरा

चांद सूरज के टुकड़े

लाखों आईने मौजों में बिखरे हुए

किश्तियां बादबानों के आंचल में अपने सिरों को छुपाये हुए

जाल नीले समुन्दर में डूबे हुए

ख़ाक पर सूखती मछलियां

घाटनें—पत्थरों की वो तर्शी हुई मूरतें

एलीफ़ेंटा के ग़ारों से जो रक़्स[3] करती निकल आई हैं

रातें आँखों में जादू का काजल लगाये

शामें नीली हवा की नमी में नहाई हुई

सुबहें शबनम के बारीक मलबूस[4] पहने हुए

ख़्वाब-आलूद[5] कुहसार के[6] सिलसिले

जंगलों के घने साये

मिट्टी की ख़ुशबू

महकती हुई कोंपलें

पत्थरों की चट्टानें

अपनी बाँहों में बहरे-अरब को समेटे हुए

---

1. हरा-भरा 2. तरल 3. नृत्य 4. लिबास 5. निद्रित 6. पहाड़ी के

वो चट्टानों पे रक्खे हुए ऊँचे-ऊँचे महल
चिकनी दीवारों पर
क़त्ल, ग़ारतगरी[1], बुज़दिली, नफ़अख़ोरी की परछाइयां
रेशमी साड़ियां
मख़्मली जिस्म, ज़हरीले नाख़ूनों की बिल्लियां
ख़ून की प्यास खादी के पैरहनों में[2]

जगमगाते हुए क़ुमक़ुमे[3], पार्क, बाग़ात और म्यूज़ियम
संगे-मरमर के बुत, धात के आदमी
सर्दो-संगीन[4] अज़्मत के[5] पैकर[6]
आँखें बेनूर, लब बेसदा[7], हाथ बेजान
हिंद की बेबसी और महकूमी की यादगारें
सैकड़ों साल के गर्म आतिशकदे[8]
ज़र्द संदल की आग
ऊदो-अंबर के[9] शोले

^plyd[10] इफ़्लास की गर्द, तारीकियां[11]
गंदगी और उफ़ूनत[12]
घूरे सड़ते हुए
रहगुज़ारों पे सोते हुए आदमी
टाट पर और काग़ज़ के टुकड़ों पे फैले हुए जिस्म, सूखे हुए हाथ

---

1. लूट-खसूट 2. वस्त्रों में 3. बिजली के बल्ब 4. ठंडी और कड़ी 5. महानता 6. शरीर आकार 7. शब्द-रहित 8. अग्नि-कुंड 9. सुगन्धित सामग्री 10. बम्बई की विशेष प्रकार की बड़ी इमारतें, जिनके कमरों में मज़दूर आदि श्रमजीवियों के कुटुम्ब रहते हैं 11. अँधेरे 12. सड़ांध

ज़ख़्म की आस्तीनों से निकली हुई हड्डियां
कोढ़ियों के हुजूम
'खोलियां'[1], जैसे अंधे कुएं
गर्म सीनों, मोहब्बत की गोदों से महरूम बच्चे
बकरियों की तरह रस्सियों से बंधे
इनकी माँयें अभी कारख़ानों से वापिस नहीं आई हैं

चिमनियां भुतनियों की तरह बाल खोले हुए
कारख़ाने गरजते हुए
ख़ून की और पसीने की बू में शराबोर[2]
ख़ून सरमायादारी के नालों में बहता हुआ
भट्टियों में उबलता हुआ
सर्द सिक्कों की सूरत में जमता हुआ
सोने-चांदी में तब्दील होता हुआ

बैंक की खिड़कियों में चिराग़ां[3]
सड़कें दिन-रात चलती हुईं
सांस लेती हुईं
आदमी ख़्वाहिशों के अंधेरे नशेबों में[4] सैलाब[5] की तरह बहते हुए

---

1. चालों के कमरे 2. लथपथ 3. दीपमाला 4. गढ़ों में 5. बाढ़

चोर-बाज़ार, सट्टा, जुवारी
रेस के घोड़े, सरकार के मंत्री
सिनेमा, लड़कियां, एक्टर, मसख़रे
एक-एक चीज़ बिकती हुई
गाजरें, मूलियां, ककड़ियां
जिस्म और ज़हन[1] और शायरी
इल्म, हिकमत[2], सियासत
अँखड़ियों और होंटों के नीलाम-घर
आरिज़ों की[3] दुकानें
बाज़ुओं और सीनों के बाज़ार
पिंडलियों और रानों के गोदाम
देश-भक्ति के दल्लाल, खादी के व्यापारी
अक़्ल, इन्साफ़, पाकीज़गी[4] और सदाक़त के[5] ताजिर
कांग्रेस के मदारी

ये है हिन्दोस्तां की उरूस-अल्बदाद[6]
सरज़मीने-दकन की[7] दुल्हन—बम्बई
एक जन्नत जहन्नुम की आग़ोश में
या इसे यूँ कहूँ
एक दोज़ख़ है फ़िर्दौस[8] की गोद में

---

1. मस्तिष्क 2. विज्ञान 3. कपोलों की 4. पवित्रता 5. सत्य के 6. शहरों की दुल्हन, शहरों
में सबसे सुन्दर शहर 7. दक्षिण-भूमि 8. जन्नत

ये मेरा शहर है
गो मेरा जिस्म इस ख़ाकदां से[1] नहीं
मेरी मिट्टी यहाँ से बहुत दूर गंगा के पानी से गूँधी गई है
मेरे दिल में हिमालय के फूलों की ख़ुशबू बसी है
फिर भी ऐ बम्बई ! तू मेरा शहर है
तेरे बाग़ात में[2] मेरी यादों के कितने रम-ख़ुर्दा आहू[3]
मैंने तेरे पहाड़ों की ठंडी हवा खाई है
तेरी शफ़्फ़ाफ़[4] झीलों का पानी पिया है
तेरे साहिल की हँसती हुई सीपियां मुझको पहचानती हैं
नारियल के दरख़्तों की लम्बी क़तारें
तेरे नीले समुन्दर के तूफ़ान और क़हक़हे
तेरे दिलकश मुज़ाफ़ात के[5] सब्ज़ाज़ारों की ख़ामोशियां
रंगतें, नकहतें[6], सब मुझे जानती हैं
इस जगह मेरे ख़्वाबों को आँखें मिलीं
और मेरी मोहब्बत के बोसों ने अपने हसीं होंट हासिल किये

तू मेरी पार्टी, मेरी माँ का वतन
लाल झंडे की वो पहली अंगड़ाई है
जिसने हिन्दोस्तां को जगाया
तुझको लेनिन ने आवाज़ दी
मास्को ने पुकारा
तज़ाकिस्तान और उज़बेकिस्तान के शायरों ने तेरे गीत गाये

---

1. धरती 2. बाग़ों में 3. हिरन चौकड़ियाँ भर रहे हैं 4. निर्मल 5. उपनगरों के 6. सुगन्धियाँ

मरहबा[1] बम्बई
मरहबा सुर्ख़ परचम[2]
आंसुओं और आँखों ने पलकों की चिलमन हटाकर
तेरी भरपूर अंगड़ाई देखी
लाखों सिर उठ गये
मुट्ठियां बंध गईं
गर्दनें तन गईं
सीने बाहर निकल आये
हिन्दोस्तां एक नये दौर में आ गया

बम्बई
तेरे सीने में सरमाया का ज़हर भी
इन्क़िलाब और बग़ावत की तिर्याक़[3] भी
तेरे पहलू में फ़ौलाद का क़ल्ब[4] है
तेरी नब्ज़ों में मज़दूरो-मल्लाह का ख़ून है
तेरे आग़ोश में कारख़ानों की दुनिया बसी है
सेवरी, लाल बाग़ और परेल
और यहाँ तेरे बेटे तेरी बेटियां
उनकी दुखती हुई उंगलियां
सूत के इक-इक तार से
मुल्क के क़ातिलों का कफ़न बुन रही हैं।

---

1. धन्य 2. लाल झंडा 3. विष-नाशक औषधि 4. दिल

मेरे ख़्वाब

ऐ मेरे हसीं ख़्वाबो
तुम कहां से आये हो
किस उफ़ुक़ से[1] उभरे हो
किस शफ़क़ से[2] निखरे हो
किन गुलों की सोहबत में
तुमने तरबीयत पाई
किस जहां से लाये हो
ये जमालो रअनाई[3]

जेल तो भयानक है
इस ज़लील दुनिया में
हुस्न का गुज़र कैसा
रंग है न नकहत[4] है
नूर[5] है न जलवा है
जब्र की हुकूमत है
तुम कहां से आये हो
ऐ मेरे हसीं ख़्वाबो

---

1. क्षितिज से 2. ऊषा से 3. सुन्दरता 4. सुगन्ध 5. प्रकाश

मैंने तुमको देखा है
याद अब नहीं आता
शायद एक लड़की की
थरथराती पलकों में
जगमगाती आंखों में
या किसी तबस्सुम में[1]
जो नहा के निकला हो
आंसुओं की शबनम से

एक हुमकते बच्चे की
मुट्ठियों के फूलों पर
तितलियों की यूरिश[2] सी
और मां की नज़रों में
सैकड़ों उम्मीदों के
शोख़ - रंग गुलदस्ते

मैंने तुमको देखा है
नन्ही-नन्ही गुड़ियों में
नाचते खिलौनों में
या रबर की गेंदों में
मैंने तुमको देखा है
घुटनियों चले हो तुम
तोतली ज़बानों से
तुमने दूध मांगा है

---

1. मुस्कान में 2. आक्रमण

'एक शाहज़ादा था'
'एक शाहज़ादी थी'
इस हसीं कहानी पर
जाने कितने बच्चों ने
अपने सर उठाये हैं
जाने कितनी आँखों में
फूल मुस्कराये हैं
और मैं समझता हूँ
तुम इस कहानी की
सरज़मीं[1] से आये हो

कुछ किसान कन्यायें
सब्ज़ो-सुर्ख़ शीशों की
चूड़ियां कलाई में
और गिलट की चांदी की
हंसलियों से गर्दन में
नीम चांद के[2] हल्के
चोलियों पे लहंगों पर
ज़र्द ज़र्द मिट्टी के

---

1. लोक 2. आधे चाँद के

ज़र्द बेल बूटे से
मैले-मैले आंचल पर
बालियों के बोसे[1] हैं
उनके हाथ में हँसिये
गीत गाने लगते हैं
झूम झूम कर पौदे
अपना सर झुकाते हैं
नौजवान लढ़ियारे
खेत की मंडेरों पर
प्रेम गीत गाते हैं
ऐ मेरे हसीं ख़्वाबों
तुम इन्हीं बहारों की
कोंपलों से फूटे हो

एक कारख़ाने में
चन्द नौजवानों ने
अंजुमन बनाई है
और उसमें लेनिन की
इक किताब पढ़ते हैं
सुन रही हैं दीवारें
हँस रही है तारीकी[2]
नौजवान बैठे हैं
और किताब पढ़ते हैं

---

1. चुम्बन 2. अन्धकार

एक एक जुमले पर
चौंक चौंक पड़ते हैं
एक एक फ़िक़रे पर
अपना सिर हिलाते हैं
गाह[1] आह भरते हैं
गाह मुस्कराते हैं
मैंने माँ के सीनों में
ऐ मेरे हसीं ख़्वाबो
तुमको नाचते देखा
मैंने तुमको देखा है
जब सियाह मेहराबें
आस्मां पे बनती हैं
जब सुकूत[2] की परियां
कहकशां पे[3] चलती हैं
गेसुओं की नकहत से[4]
जब हवा महकती है
जब फ़ज़ा[5] चहकती है
मेरे गर्म होंटों पर
प्यार थरथराते हैं
और मेरी महबूबा
अपने रंगे-आरिज़ से[6]

---

1. कभी 2. चुप्पी की 3. आकाश-गंगा पर 4. केशों की सुगन्ध से 5. वातावरण 6. कपोलों
के रंग से

बिजलियां बनाती है
और मेरी नज़रों में
इक जहान मिटता है
इक जहान बनता है
इक ज़मीन हटती है
इक ज़मीन आती है

मैं असीर[1] हूँ लेकिन
तुमको कोई भी क़ानून
क़ैद कर नहीं सकता
सरबुलंद और आज़ाद
यूं ही मुस्कराये जाओ
मेरे दिल की दुनिया में
यूं ही जगमगाये जाओ
क़ैदो-बंद के जल्लाद
तुमको पा नहीं सकते
लम्बे-लम्बे ज़ालिम हाथ
तुमको छू नहीं सकते
ऐ मेरे हसीं ख़्वाबो !

---

1. क़ैदी

तुम नहीं आये थे जब

तुम नहीं आये थे जब, तब भी तो मौजूद थे तुम
आँख में नूर की और दिल में लहू की सूरत
दर्द की लौ की तरह, प्यार की ख़ुशबू की तरह
बेवफ़ा वादों की दिलदारी का अन्दाज़ लिये

तुम नहीं आये थे जब, तब भी तो तुम आये थे
रात के सीने में महताब के ख़ंजर की तरह
सुब्ह के हाथ में ख़ुर्शीद के साग़र की तरह
शाख़ें-ख़ूँ, रंगे-तमन्ना में गुले-तर की तरह

तुम नहीं आओगे जब, तब भी तो तुम आओगे
याद की तरह, धड़कते हुए दिल की सूरत
ग़म के पैमाना-ए-सरशार को छलकाते हुए
बर्ग-हाए-लबो-रुख़्सार को महकाते हुए
दिल के बुझते हुए अंगारे को दहकाते हुए
जुल्फ़-दर-जुल्फ़ बिखर जायेगा फिर रात का रंग
शबे-तन्हाई में भी लुत्फ़े मुलाक़ात का रंग
रोज़ लाएगी सवा कूए-सबाहत[1] से पयाम
रोज़ गाएगी सहर तहनियते-जश्ने-फ़िराक़[2]

---

1. मित्रता की गली 2. बिछोह के जश्न की मुबारकबाद

आओ आने की करें बात कि तुम आये हो
अब तुम आये हो तो मैं कौन-सी शय नज़्र करूँ
कि मिरे पास बजुज़ मेहरो-वफ़ा कुछ भी नहीं
एक ख़ूँ-गश्ता तमन्ना के सिवा कुछ भी नहीं

तू मुझे इतने प्यार से मत देख

तू मुझे इतने प्यार से मत देख
तेरी पलकों के नर्म साये में
धूप भी चांदनी-सी लगती है
और मुझे कितनी दूर जाना है
रेत है गर्म, पाँव के छाले
यूँ दहकते हैं जैसे अंगारे
प्यार की ये नज़र रहे न रहे
कौन दश्त-ए-वफ़ा[1] में जलता है
तेरे दिल को ख़बर रहे न रहे
तू मुझे इतने प्यार से मत देख

---

1. वफ़ा का जंगल

प्यास की आग

मैं कि हूँ प्यास के दरिया की तड़पती हुई मौज
पी चुका हूँ मैं समन्दर का समन्दर फिर भी
एक-एक क़तरा-ए-शबनम को तरस जाता हूँ
क़तरःए-शबनमे-अश्क
क़तरःए-शबनमे-दिल, ख़ूने-जिगर
क़तरःए-नीम नज़र
या मुलाक़ात के लम्हों के सुनहरी क़तरे
जो निगाहों की हरारत से टपक पड़ते हैं
और फिर लम्स के नूर
और फिर बात की खुशबू में बदल जाते हैं
मुझको यह क़तरःए-शादाब भी चख लेने दो
दिल में यह गौहरे-नायाब भी रख लेने दो
ख़ुश्क हैं होंट मिरे, ख़ुश्क ज़बाँ है मेरी
ख़ुश्क है दर्द का, नग़मे का गुलू[1]
मैं अगर पी न सका वक़्त का यह आबे-हयात
प्यास की आग में डरता हूँ कि जल जाऊँगा

---

1. कण्ठ

अवध की ख़ाके-हसीं

गुज़रती बरसात आते जाड़ों के नर्म लम्हे

हवाओं में तितलियों के मानिंद उड़ रहे हैं

मैं अपने सीने में दिल की आवाज़ सुन रहा हूँ

रगों के अन्दर लहू की बूंदें मचल रही हैं

मेरे तसव्वुर के ज़ख़्म-ख़ुर्दा[1]

उफ़ुक़[2] से यादों के कारवां यूं गुज़र रहे हैं

कि जैसे तारीक शब के[3] तारीक आस्मां से

चमकते तारों के मुस्कराते हुजूम गुज़रें

मैं क़ैदख़ाने के इश्क़पेचां की सब्ज़ बेलों को ढूँढता हूँ

जो फैल जाती हैं अपने फूलों के नन्हे-नन्हे चिराग़ लेकर

कहां है वो दिलनवाज़ बाँहें

वो शाख़े-संदल[4]

कि जिस पे अँगड़ाइयों ने अपने हसीं नशेमन[5] बना लिये हैं

मैं अपनी माँ के सफ़ेद आंचल की छाओं को याद कर रहा हूँ

मेरी बहन ने मुझे लिखा है

नदी के पानी में बेद की झाड़ियाँ अभी तक नहा रही हैं

पपीहे रुख़्सत नहीं हुए हैं

अभी वो अपनी सुरीली आवाज़ से दिलों को लुभा रहे हैं

---

1. कल्पना के घायल 2. क्षितिज 3. अँधेरी रात के 4. संदल की शाखा 5. घोंसले

मैं रात के वक़्त अपने ख़्वाबों में चौंक पड़ता हूँ जैसे मुझ
को अवध की मिट्टी बुला रही है
हसीन झीलें कंवल के फूलों की चादरों में ढकी हुई हैं
फ़ज़ाओं में मेघदूत परवाज़ कर रहे हैं[1]
न जाने कितनी मोहब्बतों के पयाम लेकर
घटाओं की अप्सरायें अपनी
घनेरी जुल्फ़ों में आख़िरी बार मुस्कराकर
ख़लीज बंगाल और बहरे-अरब के[2] मोती पिरो रही हैं
हरे परों और नीले फूलों के मोर ख़ुश होके नाचते हैं
क़दीम[3] गंगा का पाक[4] पानी ज़मीं के दामन को धो रहा है
वो खेतियां धान से भरी हैं
जहां हवायें अज़ल के[5] दिन से सितार अपने बजा रही हैं
हिमालय की बुलंदियां बरफ़ से ढकी हैं
उन आस्मां-बोस[6] चोटियों को
सहर के[7] सूरज ने सात रंगों की कल्ग़ियों से सजा दिया है
शफ़क़[8] की सुर्ख़ी में मेरी बहनों की मुस्कराहट घुली हुई है
मेरे तसव्वुर में[9] साक़ियों का ख़िरामे-रंगी[10] न जामों-मीना की गर्दिशें हैं
न मैकदे हैं न शोरिशें हैं

---

1. उड़ रहे हैं 2. अरब सागर के 3. प्राचीन 4. पवित्र 5. आदि काल से 6. गगन-चुम्बी
7. सुबह के 8. ऊषा की 9. कल्पना में 10. रंगीन (सुन्दर) चाल

मैं छोटे-छोटे घरों की छोटी-सी ज़िन्दगी में घिरा हुआ हूँ
अंधेरे क़स्बों को याद करके तड़प रहा हूँ
वो जिनकी गलियों में मेरे बचपन की यादें अब तक भटक रही हैं
जहाँ के बच्चे पुराने कपड़े की मैली गुड़ियों से खेलते हैं
वो गाँव जो सैकड़ों बरस से बसे हुए हैं
किसानों के झोपड़ों पे तरकारियों की बेलें चढ़ी हुई हैं
पुराने पीपल की जड़ में पत्थर के देवता बेख़बर पड़े हैं
क़दीम बरगद के पेड़ अपनी जटायें खोले हुए खड़े हैं
ये सीधे-सादे ग़रीब इन्सान नेकियों के मुजस्समे[1] हैं
ये मेहनतों के ख़ुदा, ये तख़्लीक़[2] के पैग़म्बर
जो अपने हाथों के खुरदरेपन से ज़िन्दगी को संवारते हैं
लोहार के घन के नीचे लोहे की शक्ल तब्दील हो रही है
कुम्हार का चाक चल रहा है
सुराहियां रक़्स[3] कर रही हैं
सफ़ेद आटा सियाह चक्की से राग बनकर निकल रहा है
सुनहरे चूल्हों में राग के फूल खिल रहे हैं
पतीलियां गुनगुना रही हैं
धुएं से काले तवे भी चिंगारियों के होंटों से हँस रहे हैं
दोपट्टे आंगन में डोरियों पर टंगे हुए हैं
और उनके आंचल से धानी बूंदें टपक रही हैं
सुनहरी पगडंडियों के दिल पर

---

1. मूर्तियाँ 2. निर्माण 3. नृत्य

सियाह लहंगों की सुर्ख़ गोटें मचल रही हैं
ये सादगी किस क़दर हसीं है
मैं जेल में बैठे-बैठे अक्सर ये सोचता हूँ
जो हो सके तो अवध की प्यारी ज़मीं को गोद में उठा लूं
और इसकी शादाब लहलहाती हुई जबीं को[1]
हज़ारों बोसों में जगमगा दूं

मैं अपने बचपन के साथियों की गरजती आवाज़ सुन रहा हूँ
वो कारख़ानों के सामने इन्क़िलाब बनकर खड़े हुए हैं
वो खेतियों में बहार बनकर रवां-दवां[2] हैं
अंधेरी कानों की तीरगी में[3]
वो नूर[4] बनकर उतर रहे हैं
ज़मीं के सीने पे काश्तकारों की लाठियों के
हज़ारों जंगल उगे हुए हैं
कुदालें खेतों की पासबां[5] हैं
दरांतियाँ जगमगा रही हैं
ज़मीं के ग़ासिबों के[6] चेहरे का रंग काफ़ूर हो रहा है[7]
मिलों के मालिक लरज़ रहे हैं

ग़रीब सीता के घर पे कब तक रहेगी रावन की हुक्मरानी
द्रौपदी का लिबास उसके बदन से कब तक छिना करेगा

---

1. माथे को 2. प्रवाहित 3. अन्धकार में 4. प्रकाश 5. रक्षक 6. उपभोगियों के
7. उड़ रहा है

शकुन्तला कब तक अंधी तक़दीर के भंवर में फंसी रहेगी
ये लखनऊ की शगुफ़्तगी[1] मक़बरों में कब तक दबी रहेगी
सिरों के ऊपर मुसीबतों के पहाड़ कब तक गिरा करेंगे
बिलकती आंतों को भूख कब तक डसा करेगी
ज़मीं के सीने पे क़ातिलों के गिरोह कब तक चला करेंगे
ख़बासते[2] कब तलक अहिंसा का रूप धारे फिरा करेंगी

किसान जो अपनी पाक[3] धरती पे जानवर की तरह झुके हैं
वो जिनकी पीठों पे भारी ईंटें लदी हुई हैं
जो कच्चे चमड़े के सख्त जूतों से पिट रहे हैं
ये जिस्म जो कारख़ानेदारों की भट्टियों में उबल रहे हैं
ये हाथ लोहे के दांत जिनको चबा रहे हैं
ये खून जो नफ़अख़ोर बनियों की थैलियों में खनक रहा है
ये औरतें जिनके हाथ पीछे बंधे हुए हैं
जो ऊँचे पेड़ों पे अपने बालों की फांसियों में लटक रही हैं
ये कांपती मुफ़लिसी जो आई है छातियों का लगान लेकर
ये नन्हे बालक जो मालिकों के मवेशियों को चरा रहे हैं
जो खेत-मज़दूर भूखे रहकर ज़मीं से गेहूँ उगा रहे हैं
ये अपने सीनों की आग कब तक दबा सकेंगे
ये अपनी नफ़रत का ज़हर कब तक छुपा सकेंगे
ये ज़ख़्म कब तक हरे रहेंगे
अवध की ख़ाके-हसीं के ज़र्रे बगूले बनकर मचल रहे हैं

---

1. प्रफुल्लता 2. दुष्टतायें 3. पवित्र

अब आंसुओं की पुरानी झीलों से सुर्ख़ शोले उबल रहे हैं
ग़मों की भारी सिलें दिलों से सरक रही हैं
शुजाअतें[1] गोफनों को लेकर निकल रही हैं
झुके हुए सर उभरते सूरज की शानो-शौकत से उठ रहे हैं
ये सूरमाओं की सरज़मीं[2] है
ये आस्माने-ख़मोश[3] तूफ़ाने-बर्क़ो-बारां का[4] आस्मां है
ये मुस्कराती हुई फ़ज़ा[5] सुर्ख़ आंधियों से भरी हुई है
यहाँ का एक-एक चप्पा लाखों बग़ावतों से बसा हुआ है
बग़ावतें जो मुग़ल शहनशाहियत की चूलें हिला चुकी हैं
बग़ावतें जो सामराज को बुलंदियों से गिरा चुकी हैं
बग़ावतें जो फ़िरंगियों के दिलों पे हैबत[6] बिठा चुकी हैं
यही पुरानी बग़ावतें फिर नये सिरे से जवां हुई हैं

मेरे वतन की ज़मीं को नापाक[7] करने वालो
मैं उन पुरानी नयी अवामी[8] बग़ावतों ही का तर्जुमां हूँ
मैं अपने अहले-वतन के[9] एहसास और जज़्बात की ज़ुबां हूँ
मैं ख़ाक से कह रहा हूँ अपने अनाज को कोख में छुपा ले
लुटेरे खेतों में फिर रहे हैं
मैं लाखों मज़दूर नौजवानों के साथ मैदाँ में आ रहा हूँ
ग़दर के मक़्तूल[10] सूरमाओं को मरक़दों से[11] उठा रहा हूँ

---

1. वीरतायें 2. धरती 3. मौन आकाश 4. बिजली और बादलों के तूफ़ान का
5. वातावरण 6. भय 7. अपवित्र 8. सार्वजनिक 9. देशवासियों के 10. क़त्ल किये हुए
11. समाधियों, क़ब्रों से

मैं 'चोराचोरी' के सोये शेरों को गीत गाकर जगा रहा हूँ
चमन के फूलो, चमन में इक आग-सी लगा दो
लचकती शाख़ों, फ़ज़ा में ज़ंजीर बन के फैलो
ज़मीं की धातो हवा में ज्वालामुखी उछालो
मिलों के पहियो, बग़ावतों के तराने गाओ
कहां हो ऐ नेकियों की फ़ौजो !
बदी के ऊँचे महल गिरा दो
सदाक़तो[1], आओ झूठ के सांप को कुचल दो
हयात की[2] तेज़ो-तुंद मौजो फ़ना के[3] ख़ाशाक को[4] बहा दो
सहर की[5] किरनो, अंधेरी रातों के सिर पे बरसो
अवाम के[6] दुश्मनों का नामो-निशां मिटा दो

अवध की ख़ाके-हसीं के ज़र्रो,
जो सैकड़ों मील दूर से उड़के मेरे ख़्वाबों में आ गये हो
मेरे वतन की ज़मीं से मेरा सलाम कहना
उसे बताना
कि मेरे होंटों पे संगो-आहन की[7] सर्द मुहरें लगी हुई हैं
वो काला क़ानून एक दीवार बन के रस्ते में आ गया है
जिसे अहिंसा का नाम लेकर पुजारियों ने खड़ा किया है
मगर ये दीवार रोक सकती नहीं है मुझको

---

1. सच्चाइयों 2. जीवन की 3. मृत्यु के 4. कूड़े-करकट को 5. सुबह की 6. जनता के
7. पत्थर और लोहे की

उबलते ज्वालामुखी को कोई दबा सका है?
मैं आज मजबूर हूँ तो क्या है
वतन से कुछ दूर हूँ तो क्या है
मगर मैं उसके मुजाहिदों की[1] सफ़ों से बाहर नहीं गया हूँ

---

1. धर्मयोद्धाओं की

तुम्हारी आँखें

तुम्हारी आँखें,
हसीन, शफ़्फ़ाफ़[1], मुस्कराती, जवान आँखें
लरज़ती पलकों की चिलमनों में
शहाबी[2] चेहरे पर अबरुओं की[3] कमां के[4] नीचे
तुम्हारी आँखें
वो जिनको नज़रों के ठंडे साये में मेरी उल्फ़त
मेरी जवानी की रात परवान चढ़ रही थी
तुम्हारी आँखें
अंधेरी रातों में जो सितारों की रोशनी से
फ़ज़ाए-ज़िंदां में[5] झांकती हैं

मैं लिख रहा हूँ
तुम्हारी आँखें सफ़ेद काग़ज़ पे अपनी पलकों से चल रही हैं
मैं पढ़ रहा हूँ
तुम्हारी आँखें हर इक सतर की भवों के नीचे लरज़ रही हैं
मैं सो रहा हूँ
तुम्हारी आँखें तुम्हारी पलकें कहानियां-सी सुना रही हैं
मैं दोस्तों और साथियों में घिरा हुआ हूँ
मुसर्रतों के गुलाब हर सिम्त[6] खिल रहे हैं
तुम्हारी आँखों के फूल गोया महक रहे हैं

---

1. निर्मल 2. गुलाबी 3. भौहों की 4. धनुष के 5. जेल के वातावरण में 6. ओर

मुझे गिरफ़्तार करके जब जेल ला रहे थे पोलीस वाले
तुम अपने बिस्तर से अपने दिल के
अधूरे ख़्वाबों को लेके बेदार हो गई थीं
तुम्हारी पलकों से नींद अब भी टपक रही थी
मगर निगाहों में नफ़रतों के अज़ीम[1] शोले भड़क उठे थे
तुम्हारी आँखें हिक़ारतों के[2] जहन्नुमों को जगा रही थीं
निज़ामे-ज़ुल्मो-सितम पे[3] बिजली गिरा रही थीं
मेरी मोहब्बत ने अपनी जन्नत का हुस्न देखा
तुम्हारी आँखों पे मेरी नज़रों के प्यार बरसे
मेरी उम्मीदों, मेरी तमन्नाओं ने सदा[4] दी
ये नफ़रतों के अज़ीम मश्अल[5] जलाये रखना
कि ये मोहब्बत के दिल का शोला है जिसकी रंगीन रोशनी में
हमारे ख़्वाबों के रास्ते जगमगा रहे हैं
तुम्हारी आँखें
जो मेरे सीने में तैरती हैं
कंवल की कलियाँ जो मेरे दिल में खिली हुई हैं
इन्हीं से दो और आँखें बेदार हो गई हैं

वो नन्हे-नन्हे चमकते हीरों की नन्ही कनियाँ
जो मेरी आँखों का नूर लेकर तुम्हारे आंचल में झांकती हैं
फिर और आँखें, फिर और आँखें, फिर और आँखें
ये सिलसिला ता-अबद[6] रहेगा

---

1. विशाल 2. घृणाओं के 3. अत्याचारपूर्ण व्यवस्था पर 4. आवाज़ 5. बड़ी मशालें 6. अनन्त-काल तक

ज़माने की गोद में सितारों के हुस्न की नदियां बहेंगी
वो सब तुम्हारी
वो सब हमारी ही आँखें होंगी
हमारी आँखें कि जिनसे शोले बरस रहे हैं
मगर वो कल का हसीन दिन देखो कितना नज़दीक आ गया है
हमारी आँखों से जब बहारें छलक पड़ेंगी।

नींद

(अपने बच्चे के पहले जन्म-दिन पर)

रात   ख़ूबसूरत   है
नींद क्यों नहीं आती

दिन की ख़श्मगी[1] नज़रें
खो गईं सियाही में
आहनी[2] कड़ों का शोर
बेड़ियों   की   झंकारें
क़ैदियों की सांसों की
तुंदो-तेज़   आवाज़ें
जेलरों   की   बदकारी
गालियों की   बौछारें
बेबसी   की   ख़ामोशी
ख़ामशीं   की   फ़यादिं
तह-नशी[3]   अंधेरे में
शब की शोख़ दोशीज़ा[4]

---

1. क्रोधपूर्ण 2. लोहे के बने हुए 3. तहों में पहुँचा हुआ 4. रात की चंचल सुन्दरी

ख़ारदार[1] तारों को
पार करके आई है
भर के अपने आंचल में
जंगलों की खुशबूएं
ठंडकें पहाड़ों की
मेरे पास लाई है

नीलगूं[2] जवां सीना
नीलगूं जवां बाँहें
कहकशां की पेशानी[3]
नीम चांद का[4] जूड़ा
मख़मलीं अंधेरे का
पैरहन[5] लरज़ता है
वक़्त की सियाह ज़ुल्फ़ें
ख़ामशी के शानों पर[6]
ख़म-ब-ख़म महकती हैं
और ज़मीं के होंटों पर
नर्म शबनमी बोसे
मोतियों के दांतों से
खिलखिला के हँसते हैं
रात ख़ूबसूरत है
नींद क्यों नहीं आती

---

1. काँटेदार 2. नीलिमामय 3. आकाश-गंगा का माथा 4. आधे चाँद का 5. लिबास 6. चुप्पी के कन्धों पर

रात पेंग लेती है
चांदनी के झूले में
आसमान पर तारे
नन्हे-नन्हे हाथों से
बुन रहे हैं जादू-सा
झींगरों की आवाज़ें
कह रही हैं अफ़साना[1]
दूर जेल के बाहर
बज रही है शहनाई
रेल अपने पहियों से
लोरियाँ सुनाती है
रात खूबसूरत है
नींद क्यों नहीं आती

रोज़ रात को यूंही
नींद मेरी आँखों से
बेवफ़ाई करती है
मुझको छोड़कर तनहा
जेल से निकलती है
बम्बई की बस्ती में
मेरे घर का दरवाज़ा
जाके खटखटाती है

---

1. कहानी

एक नन्हे बच्चे की
अंखड़ियों के बचपन में
मीठे-मीठे ख़्वाबों का
शहद घोल देती है
नर्म-नर्म गालों को
गर्म-गर्म आँखों को
झुक के प्यार करती है
इक हसीं परी बनकर
लोरियाँ सुनाती है
पालना हिलाती है।

दो चिराग़

तीरगी के सियाह ग़ारों से
शहपरों की सदाएँ आती हैं
ले के झोंकों की तेज़ तलवारें
ठण्डी-ठण्डी हवाएँ आती हैं
बरफ़ ने जिन पे धार रक्खी है

एक मैली दुकान तीरः-ओ-तार
इक चिराग़ और एक दोशीज़ा
वोह बुझी-सी है वह उदास-सा है
दोनों जाड़ों की लम्बी रातों में
तीरगी और हवा से लड़ते हैं
तीरगी उठ रही है मैदाँ से
फ़ौज-दर-फ़ौज बादलों की तरह
और हवाओं के हाथ में गुस्ताख़
तोड़े लेते हैं नन्हे शो'ले को
भींचे लेते हैं मैले आँचल को
लड़की रह-रह के जिस्म ढाँपती है
शो'ला रह-रह के थरथराता है
नंगी बूढ़ी ज़मीन काँपती है

तीरगी अब सियह समन्दर है
और हवा हो गयी है दीवानी

या तो दोनों चिराग़ गुल होंगे
या करेंगे वो शो'ला-अफ़शानी[1]
फूँक डालेंगे तीरगी की मता'[2]

पर मुझे एतिमाद है इन पर
गो ग़रीब और बेज़बान-से हैं
दोनों हैं आग दोनों हैं शो'ला
दोनों बिजली के ख़ानदान से हैं

---

1. अंगारे बरसाना 2. अन्धकार की सत्ता (सम्पत्ति)

निवाला

माँ है रेशम के कारख़ाने में
बाप मसरूफ़[1] सूती मिल में है
कोख से माँ की जब से निकला है
बच्चा खोली के काले दिल में है

जब यहाँ से निकल के जायेगा
कारख़ानों के काम आयेगा
अपने मजबूर पेट की ख़ातिर
भूक सरमाये की बढ़ायेगा

हाथ सोने के फूल उगलेंगे
जिस्म चांदी का धन लुटाएगा
खिड़कियाँ होंगी बैंक की रौशन
ख़ून उसका दीये जलाएगा

यह जो नन्हा है भोला-भाला है
सिर्फ़ सरमाये का निवाला है
पूछती है यह उसकी ख़ामोशी
कोई मुझको बचाने वाला है

---

1. व्यस्त

अनाज

मेरी आशिक़ हैं किसानों की हसीं कन्यायें
जिनके आंचल ने मोहब्बत से उठाया मुझको

खेत को साफ़ किया, नर्म किया मिट्टी को
और फिर कोख में धरती की सुलाया मुझको

ख़ाक-दर-ख़ाक हर इक तह में टटोला लेकिन
मौत के ढूँढते हाथों से न पाया मुझको

ख़ाक से लेके उठा मुझको मेरा जौक़े-नमू[1]
सब्ज़ कोंपल ने हथेली में छुपाया मुझको

मौत से दूर मगर मौत की इक नींद के बाद
जुम्बिशे-बादे-बहारी ने[2] जगाया मुझको

बालियां फूलीं तो खेतों पे जवानी आई
इन परीज़ादों ने बालों में सजाया मुझको

मेरे सीने में भरा सुख़ किरन ने सोना
अपने झूले में हवाओं ने झुलाया मुझको

मैं रकाबी में, पियालों में महक सकता हूँ
चाहिये बस लबो-रुख़्सार का साया[3] मुझको

मेरी आशिक़ हैं किसानों की हसीं कन्यायें
गोद से उनकी कोई छीन के लाया मुझको

---

1. पनपने की प्रवृत्ति 2. वसन्त ऋतु के पवन की थरथराहट ने 3. होंठों और कपोलों की छत्रछाया

हवसे-ज़र ने[1] मुझे आग में फूँका है कभी
कभी बाज़ार में नीलाम चढ़ाया मुझको

क़ैद रक्खा कभी लोहे में कभी पत्थर में
कभी गोदामों की क़ब्रों में दबाया मुझको

सी के बोरों में मुझे फैंका है तहख़ानों में
चोर-बाज़ार कभी रास न आया मुझको

वो तरसते हैं मुझे और मैं तरसता हूँ उन्हें
जिनके हाथों की हरारत ने[2] उगाया मुझको

क्या हुए आज मेरे नाज़ उठाने वाले?
हैं कहां क़ैदे-ग़ुलामी से बचाने वाले?

---

1. धन की लोलुपता ने 2. गर्मी ने

एक बात

इस पे भूले हो कि हर दिल को कुचल डाला है
इस पे फूले हो कि हर गुल को मसल डाला है
और हर गोशःए-गुलज़ार[1] में सन्नाटा है
किसी सीने में मगर एक फ़ुग़ाँ[2] तो होगी
आज वह कुछ न सही कल को जवाँ तो होगी

वह जवाँ होके अगर शोलः-ए-जव्वाला बनी
वह जवाँ होके अगर आतिशे-सद-साला[3] बनी
ख़ुद ही सोचो कि सितमगारों पे क्या गुज़रेगी

---

1. उपवन का कोना 2. आर्तनाद 3. सौ वर्ष वाली अग्नि

पैराहन-ए-शरर

खड़ा है कौन पैराहन-ए-शरर[1] पहने
बदन है चूर तो माथे से ख़ून जारी है

ज़माना गुज़रा कि फ़रहादो-क़ैस ख़त्म हुए
यह किस पे अहले-जहाँ, हुक्मे-संगबारी है

यहाँ तो कोई भी शीरीं-अदा निगार नहीं
यहाँ तो कोई भी लैला-बदन बहार नहीं

यह किसके नाम पे ज़ख़्मों की लाल-कारी है

कोई दिवाना है, लेता है सच का नाम अब तक
फ़रेबो-मक्र[2] को करता नहीं सलाम अब तक

है बात साफ़ सज़ा उसकी संगसारी[3] है

---

1. चिनगारी का परिधान 2. छल-छद्म 3. दण्ड का विधान, जिसके अनुसार अपराधी को पत्थर मारे जाते हैं।

शादी का दिन

सफ़ेद बादल
लरज़ते आंचल
बुलंदो-बाला[1] हसीन नीलाहटों के सिर से ढलक गये हैं
फ़ज़ा के[2] चेहरे पे मस्त होकर
हज़ारों किरनें बिखर गई थीं
हरे भरे पेड़,
          रोशनी,
               रोशनी के झूले
                    हवा की पेंगें
शरीर बच्चों की तरह से पत्तियों की मासूम खिलखिलाहट
ज़मीं को नर्म घास की नन्ही उंगलियां गुदगुदा रही थीं
ये दिन बहुत ही हसीन दिन था
जिसे तुम्हारे हसीन इक़रारे-इश्क़ ने और ख़ूबसूरत बना दिया था
ये दिन इस तरह से सज के फिर आज आ गया है
सफ़ेद हाथों से कोठरी की सियाह सलाख़ों को छू रहा है
वही तबस्सुम, वही तुम्हारा-सा-शोख़ अन्दाज़े-दिलरुबाई[3]
मगर निगाहों में वो पुरानी चमक नहीं है
कि उसकी आँखों में हल्के-हल्के
सियाह हल्के पड़े हुए हैं

---

1. ऊँचे 2. वातावरण के 3. मन को मोहने का ढंग

एक साल

कैद क्या चीज़ है, ज़िंदां की[1] हक़ीक़त क्या है?
क़ब्र की गोद में सोये हुए साल
तेरी सिमटी हुई ठिठरी हुई परछाईं पर
जेल के भोंकते कुत्तों की सदा[2] रोती है
मैं हिक़ारत से नज़र डाल के हँस देता हूँ

ज़हर-आलूद[3] वो बीते हुए लम्हात के[4] डंक
ख़ूं में डूबी हुई वो सुबह की तलवार की धार
शाम की आँख में बारूद के काजल की लकीर
और हफ़्तों के सिपाही वो महीनों के सवार
जो मेरे जोशे-बग़ावत को कुचलने के लिए
फ़ौज-दर-फ़ौज किया करते थे यल्ग़ार अपनी
मैं उन्हें भी तेरे पहलू में सुला आया हूँ
पहरेदारों की निगाहों से टपकता है लहू
राइफ़ल करती है फ़ौलाद के होंटों से कलाम[5]
गोलियां करती हैं सीसे की ज़ुबाँ से बातें
और क़ानून वो सरमाये की ज़ंजीरे-गिरां[6]
हल्क़े-हल्क़े में[7] लिये अपनी अहिंसा का फ़रेब
अपने दामन को बढ़ाता ही चला जाता है

---

1. जेल की 2. आवाज़ 3. विषपूर्ण 4. क्षणों के 5. बातचीत 6. भारी-ज़ंजीर 7. कड़ी-कड़ी में

केंचुली सांप की हर साल बदल जाती है
अद्लो-इन्साफ़ मदारी के पिटारे जिनमें
नाग बैठे हैं क़वानीन के[1] फन फैलाये
और आईन[2] का बैन
अपनी लहरों में छुपा लेता है
तल्ख़ी-ए-ज़हर में[3] डूबी हुई फुँकारों को

फिर भी क़ुर्बानी व ईसार[4] का दिल ज़िन्दा है
जहदो-पैकार[5] की नब्ज़ों की धमक जारी है
वक़्तो-तारीख़ की राहों से गुज़रते हैं जुलूस

2

चीन में कितनी जवां-साल[6] उमंगों का लहू
हो गया सर्फ़[7] नयी सुबह के ग़ाज़े के लिए
और यूनान की आज़ाद हसीनाओं ने
कितने दिल फ़स्ले-बहारां के[8] लिए बोये थे
चश्मे-इस्पेन से[9] रातों के बरसते आंसू
मुज़्तरिब[10] गौहरो-शबनम में बदलने के लिए
वीतनाम और मलाया के शहीदों का लहू
शफ़क़े-सुर्ख़ के[11] जलते हुए आईने में
एक तस्वीरे-हसीं[12] बन के झलक आया है
ख़ाके-बर्मा ने[13] उगाये हैं वो शोले जिसमें

---

1. क़ानूनों के 2. विधान 3. ज़हर की कटुता में 4. त्याग 5. संघर्ष 6. नौजवान 7. ख़र्च
8. वसन्त ऋतु के 9. स्पेन की आँख से 10. बेचैन 11. लाल ऊषा के 12. सुन्दर चित्र
13. बर्मा की मिट्टी (धरती) ने

मुस्कराने के लिए है बेताब
चांद सूरज के कंवल, फ़स्ले-बहारां के गुलाब
और तेलंगाने की नज़रों से बरसती हुई आग
दौड़ती है ख़सो-ख़ाशाके-गुलामी के[1] लिए
रूहे-बंगाल के ज़ख़्मों को मिली हैं आँखें
दर्दो-फ़र्याद ने नारों की ज़बाँ पाई है
गोशे-गोशे से उबलते हुए सैलाब का जोश
ज़र्रे-ज़र्रे से निकलते हुए अनवार का रक़्स[2]
मौत का कर्ब[3], गुलामी का भयानक चेहरा
जागते और उभरते हुए इन्सां का जलाल
क़ैद क्या चीज़ है ज़िंदां की हक़ीक़त क्या है?

3

रोज़ो-शब[4] क्या हैं?

फ़क़त[5] संगे-निशां[6] राहों के
माहो-साल[7] बजुज़[8] गर्दे-सफ़र कुछ भी नहीं
जेल हर गाम पे[9] आती है गुज़र जाती है
वादियां मिलती हैं ग़फ़लत की, मुसीबत के पहाड़
भूख और प्यास के सहराओं में दिल जलते हैं

---

1. गुलामी के तिनकों के 2. प्रकाश का नृत्य 3. पीड़ा 4. रात-दिन 5. केवल 6. मार्ग-चिह्नों की शिलायें 7. महीने और साल (समय) 8. सिवाय 9. क़दम पर

खून के खौलते दरिया में उबलती है हयात[1]
गर्म सीनों के पुरख़ार[2] बियाबानों में
नक़्शे-पा[3] सुख़ लकीरों में बदल जाते हैं
कारवां मंज़िलें-मक़्सूद की जानिब है रवां
नज़रें पलकों से उठाती हैं मनाज़र की[4] नक़ाब
ख़्वाब जाग उठते हैं चेहरों के गुलिस्ताँ लेकर

4

मुझको तनहाई का एहसास नहीं है कि यहाँ
कितनी नौख़ेज़[5] उमंगें हैं मेरे साथ असीर[6]
कितने कुहसार की आग़ोश के[7] पाले हुए लाल
कितने   खेतों   के   सपूत
कितने रेलों के, मशीनों के चलाने वाले
कितने बोसों की महक; कितनी ज़ुल्फ़ों की शिकन
कितनी बहनों की उम्मीदों के कंवल
कितनी माँओं की मुरादों के चिराग़
कितने दरियाओं के तूफ़ान, हवा के झोंके
कितनी हड़तालों के टूटे हुए हाथ
कितने एहसासे-बग़ावत के उभरते परचम[8]
जितने ऊंचे हैं मुसीबत के पहाड़
हिम्मतें उतनी ही बेबाको-सरअफ़राज़ो-बुलंद[9]

---

1. जीवन 2. काँटे भरे हुए 3. पद-चिह्न 4. दृश्यों की 5. तरुण 6. क़ैद 7. पहाड़ की गोद के 8. झंडे 9. निडर और उच्च (महान)

हौसले हैं कि हिमालय के उक़ाबों की[1] उड़ान
जिनके शहपर की[2] हवा बर्फ़ की आंधी बनकर
आसमानों की बुलंदी से गुज़र जाती है
और वो बूढ़े, जहांदीदा[3] रफ़ीक़[4]
झुर्रियाँ जिनकी हैं तारीख़े-हवादिस के वरक़[5]
हँसती आँखों की चमक, नर्म तबस्सुम की शिकन
तन्ज़[6] है तर्ज़े-हुकूमत की[7] सितमकारी[8] पर
इनके बालों की सफ़ेदी यह ख़बर देती है
कि शबे-तारे-गुलामी की सहर[9] दूर नहीं
और वो शोला-नफ़स[10] शायरो-अफ़सानानिगार
अपने नग़्मों की हरारत से[11] गला देते हैं
रूह के बोझ को, अफ़कार की[12] ज़ंजीरों को
उनका हर शेर रजज़[13] पढ़ता है
हर सतर कहती है जुरत की कहानी हमसे
उनके हर गीत से दिल हिलता है दीवारों का
जैसे बढ़ती हुई फ़ौजों की धमक
शोले आवाज़ के इस शान से होते हैं बुलंद
आग लग जाती है ज़िंदां के सियहख़ाने में[14]
और मंज़िल की जबीं[15] वक़्त की मेहराबों में

---

1. गरुड़ों की 2. पंखों की 3. अनुभवी 4. साथी 5. दुर्घटनाओं के इतिहास के पन्ने 6. व्यंग्य
7. शासन-व्यवस्था की 8. अत्याचार 9. गुलामी की अँधेरी रात की सुबह 10. जिनके श्वासों
के साथ आग निकलती है 11. गर्मी से 12. चिन्ताओं की 13. युद्ध-क्षेत्र में पढ़ी जाने वाली
वीर-रस की कविता 14. अँधेरे घर में 15. माथा

जगमगा उठती है रंगीन शुआओं की[1] तरह
मेरे एहसासो-तसव्वुर[2] को हज़ारों सूरज
लाखों चांद और करोड़ों तारे
रंग और नूर की बारिश में भिगो देते हैं
हम-सफ़र[3] ये हों तो फिर अज़्मे-सफ़र[4] क्या कहना !
रंगे-शब[5] ये हो तो फिर रंगे-सहर[6] क्या कहना !!

---

1. किरणों की 2. अनुभूति और कल्पना 3. हमराही 4. सफ़र का संकल्प 5. रात का रंग
6. सुबह का रंग

भूखी माँ, भूखा बच्चा

मेरे नन्हे, मेरे मासूम, मेरे नूरे-नज़र[1]
आ कि माँ अपने कलेजे से लगा ले तुझको
अपनी आग़ोशे-मोहब्बत में[2] सुला ले तुझको
तेरे होंटों का ये जादू था कि सीने से मेरे
नदियां दूध की बह निकली थीं
छातियां आज मेरी सूख गई हैं लेकिन
आँखें सूखी नहीं अब तक मेरे लाल
दर्द का चश्मा-ए-बेताब रवां है[3] इन से
मेरे अश्क़ों[4] ही से तू प्यास बुझा ले अपनी
सुनती हूँ खेतों में अब नाज नहीं उग सकता
कांग्रेस राज में सोना ही फला करता है
गाय के थन से निकलती है चमकती चांदी
और तिजोरी की दराज़ों में सिमट जाती है

चांद से दूध नहीं बहता है
तारे चावल हैं न गेहूँ न जवार
वर्ना मैं तेरे लिए चांद सितारे लाती
मेरे नन्हे, मेरे मासूम, मेरे नूरे-नज़र
आ कि माँ अपने कलेजे से लगा ले तुझको
अपनी आग़ोशे-मोहब्बत में सुला ले तुझको

---

1. आँखों की ज्योति (पुत्र) 2. प्रेम भरी गोद में 3. बह रहा है 4. आँसुओं

सो जा मेरी मोहब्बत की कली
मेरी जवानी के गुलाब
मेरे इफ़्लास के[1] हीरे सो जा
नींद में आयेंगी हँसती हुई परियां तेरे पास
बोतलें दूध की शर्बत के कटोरे लेकर

जाने आवाज़ की लोरी थी कि परियों का तिलिस्म[2]
नींद-सी आने लगी बच्चे को
खिंच गई नीलगूं[3] होंटों पे ख़मोशी की लकीर
मुट्ठियां खोल दीं और मूँद लीं आँखें अपनी
यूँ ढलकने लगा मनका जैसे
शाम के ग़ार में सूरज गिर जाये

झुक गई माँ की जबीं[4] बेटे की पेशानी पर[5]
अब न आंसू थे, न सिसकी थी, न लोरी न कलाम[6]
एक सन्नाटा था
एक सन्नाटा था तारीको-तवील[7]।

---

1. निर्धनता के 2. जादू 3. नीलिमामय 4. माथा 5. माथे पर 6. बातचीत
7. अन्धकारपूर्ण और दीर्घ

शाहराहे-हयात[1]

ये आदमी की गुज़रगाह[2]—शाहराहे-हयात
हज़ारों साल का बारे-गिराँ[3] उठाये हुए
जबीं पे[4] कातिबे-तारीख़ की[5] जली[6] तहरीर[7]
गले से सैकड़ों नक़्शे-क़दम[8] लगाये हुए
गुज़रते वक़्त के ग़र्दो-गुबार के[9] नीचे
हसीन[10] जिस्म की ताबिंदगी[11] छुपाये हुए
गुज़श्ता दौर की[12] तहज़ीब के मनाज़िल को[13]
जवान माँ की तरह गोद में सुलाये हुए

ये आदमी की गुज़रगाह—शाहराहे-हयात
हज़ारों साल का बारे-गिराँ उठाये हुए
इधर से गुज़रे हैं चंगेज़ो-नादिरो-तैमूर
लहू में भीगी हुई मशअलें जलाये हुए

---

1. जीवन का राजपथ 2. मार्ग 3. भारी बोझ 4. माथे पर 5. इतिहास-लेखक की 6. मोटे अक्षरों की 7. लिखावट 8. पदचिह्न 9. धूल-मिट्टी 10. सुन्दर 11. आभा 12. गत ज़माने की 13. मंज़िलों को

गुलामों और कनीज़ों के कारवां आये
खुद अपने खून में डूबे हुए नहाये हुए
शिकस्ता[1] दोश पे[2] दीवारे-चीन को लादे
सिरों पे मिस्र के अहराम को उठाये हुए
जलाले - शेख़ो - शिकोहे - ब्रह्मनी के[3] जलूस
हवस के[4] सीनों में आतिशकदे[5] छुपाये हुए
जहालतों की तवील और अरीज़[6] परछाई
तवाहमात की[7] तारीकियां[8] जगाये हुए
सफ़ेद क़ौम के अय्यार[9] ताजिरों के गिरोह
फ़रेबो-मक्र से अपनी दुकाँ सजाये हुए
शिकस्त-खुर्दा[10] सियासी गदागरों के[11] हूजूम
अदब से टूटी हुई गर्दनें झुकाये हुए
ग़मों से चूर मुसाफ़िर, थके हुए राही
चिराग़ रूह के, दिल के कंवल बुझाये हुए

ये आदमी की गुज़रगाह—शाहराहे-हयात
हज़ारों साल का बारे-गिराँ उठाये हुए
नये उफ़्क़ से[12] नये क़ाफ़िलों की आमद[13] है
चिराग़े-वक़्त की[14] रंगीन लौ बढ़ाये हुए

---

1. टूटे हुए 2. कन्धे पर 3. मुल्ला और पंडित के तेज और प्रताप के 4. लोलुपता के
5. अग्नि-कुंड 6. लम्बी-चौड़ी 7. भ्रमों की 8. अँधेरे 9. धोखेबाज़ 10. परास्त 11. भिखारियों
के 12. क्षितिज से 13. आगमन 14. समय के चिराग़ की

बग़ावतों की सिपह[1] इन्क़िलाब के लश्कर
ज़मीं पे पांव फ़लक[2] पर नज़र जमाये हुए
ग़रूरे-फ़तह के[3] परचम[4] हवा में लहराते
सबातो-अज़्म[5] के ऊँचे अलम[6] उठाये हुए
हथेलियों पे लिये आफ़ताब और महताब[7]
बग़ल में कुरहे-अर्ज़े-हसीं[8] दबाये हुए
उठो और उठके उन्हीं क़ाफ़िलों में मिल जाओ
जो मंज़िलों को हैं गर्दे-सफ़र बनाये हुए
क़दम बढ़ाये हुए ऐ मुजाहिदाने-वतन[9]
मुजाहिदाने-वतन, हाँ क़दम बढ़ाये हुए

---

1. सेना 2. आकाश 3. विजय के घमंड के 4. झंडे 5. स्थायित्व और दृढ़ता 6. झंडे 7. सूरज
और चाँद 8. सुन्दर धरती 9. देश-भक्त

सुब्ह-ए-फ़र्दा[1]

इसी सरहद पे कल डूबा था सूरज हो के दो टुकड़े
इसी सरहद पे कल ज़ख़्मी हुई थी सुब्हे-आज़ादी
यह सरहद ख़ून की, अश्कों की, आहों की, शरारों की
जहां बोयी थी नफ़रत और तलवारें उगायी थीं

यहां महबूब आँखों के सितारे तिलमिलाये थे
यहां माशूक़ चेहरे आंसुओं में झिलमिलाये थे
यहां बेटों से माँ, प्यारी बहन भाई से बिछड़ी थी

यह सरहद जो लहू पीती है और शो'ले उगलती है
हमारी ख़ाक की सरहद पे नागिन बनके चलती है
सजाकर जंग के हथियार मैदाँ में निकलती है
मैं इस सरहद पे कब से मुन्तज़िर हूँ सुब्ह-ए-फ़र्दा का

2

यह सरहद फूल की, ख़ुशबू की, रंगों की, बहारों की
धनक की तरह हँसती, नदियों की तरह बल खाती
वतन के आरिज़ों[2] पर ज़ुल्फ़ की मानिन्द लहराती
महकती, जगमगाती, इक दुलहन की माँग की सूरत
कि जो बालों को दो हिस्सों में तक़्सीम करती है
मगर सिन्दूर की तलवार से, सन्दल की उंगली से

---

1. आनेवाले कल की सुबह 2. कपोल

यह सरहद दिलबरों की, आशिक़ों की, बेक़रारों की
यह सरहद दोस्तों की, भाइयों की, ग़मगुसारों की
सहर को आये ख़ुरशीदे-दरख़्शाँ पासबाँ बनकर
निगहबानी हो शब को आसमां के चांद तारों की
ज़मीं पामाल हो जाये, भरे खेतों की यूरिश से

सिपाहें हमलाआवर हों दरख़्तों की क़तारों की
ख़ुदा महफ़ूज़ रक्खे इसको ग़ैरों की निगाहों से
पड़ें नज़रें न इस पर ख़ूँ के ताजिर ताजदारों की
मुहब्बत हुक्मराँ हो, हुस्न क़ातिल, दिल मसीहा हो
चमन पे आग बरसे शोलः-पैकर[1] गुलइज़ारों की
वो दिन आये कि नफ़रत हो के आंसूदिल से बह आये
वो दिन आये यह सरहद बोसा-ए-लब बनके रह जाये

3

यह सरहद मनचलों की, दिलजलों की, जाँनिसारों की
यह सरहद सरज़मीने-दिल के बाँके शहसवारों की
यह सरहद कजकुलाहों[2] की, यह सरहद कजअदाओं की
यह सरहद गुलशने-लाहौरो-दिल्ली की हवाओं की
यह सरहद अम्नो-आज़ादी के दिलअफ़रोज़ ख़्वाबों की
यह सरहद डूबते तारों, उभरते आफ़ताबों की
यह सरहद ख़ूँ में लिथड़े प्यार के ज़ख़्मी गुलाबों की
मैं इस सरहद पे कब से मुन्तज़िर हूँ सुब्हे-फ़र्दा का

---

1. अंगारे की भाँति देह वाला 2. तिरछी टोपी लगाने वाले

गुफ़्तगू

गुफ़्तगू बन्द न हो
बात से बात चले
सुब्ह तक शामे-मुलाक़ात चले
हम पे हँसती हुई ये तारों भरी रात चले

हों जो अलफ़ाज़ के हाथों में हैं संगे-दुश्नाम
तंज़ छलकाये तो छलकाया करे ज़हर के जाम
तीखी नज़रें हों तुर्श अबरुए-ख़मदार[1] रहें
बन पड़े जैसे भी दिल सीनों में बेदार रहें
बेबसी हर्फ़ को ज़ंजीर-ब-पा[2] कर न सके
कोई क़ातिल को मगर क़त्ले-नवा कर न सके

सुब्ह तक ढल के कोई हर्फ़े-वफ़ा आयेगा
इश्क़ आयेगा बसद लग़ज़िशे-पा[3] आयेगा
नज़रें झुक जायेंगी, दिल धड़केंगे, लब काँपेंगे
ख़ामुशी बोसः एक-लब बनके महक जायेगी
सिर्फ़ ग़ुंचों के चटकने की सदा आयेगी

और फिर हर्फ़ो-ओ-नवा की न ज़रूरत होगी
चश्मो-अबरू के इशारों में मुहब्बत होगी
नफ़रत उठ जायेगी, मेह्मान मुरव्वत होगी

---

1. तिरछी भवें 2. पैर में ज़ंजीर बाँधना 3. पैरों का कम्पन

हाथ में हाथ लिये सारा जहाँ साथ लिये
तोहफ़ः-ए-दर्द लिये प्यार की सौग़ात लिये
रहगुज़ारों से अदावत के गुज़र जायेंगे
ख़ूँ के दरयाओं से हम पार उतर जायेंगे

गुफ़्तगू बन्द न हो
बात से बात चले
सुब्ह तक शामे-मुलाक़ात चले
हम पे हँसती हुई ये तारों भरी रात चले

ख़ूनी हाथ

ये वही हाथ हैं सफ़्फ़ाको-दराज़[1]

हाँ वही हाथ सितम-पेशा[2] व चालाको-ज़लील

मेरे पहचाने हुए और तेरे पहचाने हुए

वो जो मग़रिब के सियहपोश उफ़्क़ से निकले

आग मशरिक़ की बहारों में लगाने के लिए

आज भी मेरे हसीं देस में बल खाते हैं

आस्तीनों में छुपा लेते हैं बम ऐटम के

खोशे गेहूँ के[3] हथेली पे सजा लाते हैं

हाँ वही हाथ कड़कते हुए कोड़ों की तरह

ज़ख़्म हर पीठ पे हर जिस्म पे बरसाते हुए

या किसी टूट के गिरती हुई बिजली की तरह

बाग़ पर, खेतों पे, खलियानों पे लहराते हुए

ज़ुल्म की तरह निडर, रात की मानिन्द तवील[4]

कोढ़ की तरह सफ़ेद

ख़श्मगीं[5], जैसे जहन्नुम में दहकती हुई आग

गर्म तलवार की मानिन्द कलेजों पे रवां[6]

माँओं के दूध भरे सीनों पे बैठे हुए नाग

कैसे भूलूं कि वही हाथ वही सांप हैं ये

डस चुके हैं जो मोहब्बत को, तमन्नाओं को

---

1. क्रूर और लम्बे 2. अत्याचारी 3. गेहूँ की बालें 4. रात की भाँति लम्बे 5. क्रुद्ध 6. चलायमान

जिनकी फुंकारों ने बिस[1] घोल दिया पानी में
जिनकी परछाईं ने झुलसा दिया सहराओं को[2]
हाँ वही हाथ वही ख़ून में डूबे हुए हाथ
क़त्लो-ग़ारत[3] के इरादों ने जना है[4] जिनको
असलहा-साज़[5] मशीनों के तराशे हुए हाथ
मौत का रूप मुनाफ़अ ने दिया है जिनको
आह! इन हाथों से मैं हाथ मिलाऊं क्योंकर
अपनी नफ़रत को, हिक़ारत[6] को, छुपाऊँ क्योंकर
तोड़ दो, काट दो, या आग लगा दो इनको
बन पड़े जैसे भी गर्दन से हटा दो इनको।

---

1. विष 2. मरुस्थलों को 3. हत्या और विनाश 4. उत्पन्न किया है 5. हथियार बनाने वाली
6. घृणा

क़त्ले-आफ़ताब

शफ़क़[1] के रंग में है क़त्ले-आफ़ताब का रंग
उफ़ुक़[2] के दिल में है ख़ंजर, लहूलुहान है शाम
सफ़ेद शीशा-ए-नूर और सियाह बारिशे-संग
ज़मीं से ता-ब-फ़लक है बलन्द रात का नाम

यक़ीं का ज़िक्र ही क्या है कि अब गुमाँ भी नहीं
मक़ामे-दर्द नहीं, मंज़िले-फ़ुग़ाँ भी नहीं
वो बेहिसी[3] है कि जो क़ाबिले-बयाँ भी नहीं
कोई तरंग ही बाक़ी रही न कोई उमंग
जबीने-शौक़ नहीं संगे-आस्ताँ भी नहीं
रक़ीब जीत गये ख़त्म हो चुकी है जंग
हज़ार लब से ज़मीं कह रही है किस्सः-ए-दर्द
हज़ार गोशे-जुनू सुन रहे हैं अफ़साना

दिलों में शो'ला-ए-ग़म बुझ गया है क्या कीजे
कोई हसीन नहीं किससे अब वफ़ा कीजे
सिवाय इसके कि क़ातिल ही को दुआ दीजे

मगर ये जंग नहीं वो जो ख़त्म हो जाये
इक इन्तिहा है फ़क़त हुस्ने-इब्तिदा के लिए
बिछे हैं ख़ार कि गुज़रेंगे क़ाफ़िले गुल के

---

1. सवेरे या शाम के समय क्षितिज की लालिमा 2. क्षितिज 3. चेतना या एहसास का अभाव

ख़ामोशी मुहर-ब-लब[1] है किसी सदा के लिए
उदासियाँ हैं ये सब नग़मःओ-नवा[2] के लिए
वो पहना शम्अ ने फिर ख़ूने-आफ़ताब का ताज
सितारे ले के उठ नूरे-आफ़ताब के जाम

पलक-पलक पे फ़ुरोज़ाँ[3] हैं आँसुओं के चिराग़
लवें चमकती हैं या बिजलियाँ चमकती हैं
तमाम पैरहने-शब में भर गये हैं शरार

चटक रही हैं कहीं तीरगी की दीवारें
लचक रही हैं कहीं शाख़े-गुल की तलवारें
सनक रही है कहीं दश्ते-सरकशी में हवा
चहक रही है कहीं बुलबुले-बहारे-नवा
महक रहा है वफ़ा के चमन में दिल का गुलाब
छलक रही है लबो-आरिज़ो-नज़र की शराब

जवान ख़्वाबों के जंगल से आ रही है नसीम
नफ़स में नक्हते-पैग़ामे-इन्क़िलाब[4] लिये
ख़बर है क़ाफ़िलःए-रंगो-नूर निकलेगा
सहर के दोश[5] पे इक ताज़ा आफ़ताब लिये

---

1. स्तब्ध, मौन 2. गीत और स्वर 3. आलोकित 4. इन्क़िलाब के पैग़ाम की ख़ुशबू
5. कन्धा

हुस्ने-कश्मीर[1]

आबाद है ख़्वाबों की तरह वादिये-कश्मीर[2],

    फ़ानूस हैं तारों के तो फूलों के चिराग़ां[3]।

दामन[4] में पहाड़ों के लटकती हैं बहारें,

    पत्थर की हथेली पे महकता है गुलिस्ताँ।

सन्तूर[5] बजाती हुई फिरती हैं हवाएं,

    हर बाग़ में आवारा-ओ-सरमस्तो-ग़ज़लख़्वां[6]।

उड़ती हुई आती हैं परिस्ताने-उफ़क़ से[7]

    मलबूसे-शफ़क़[8] पहने हुए सुबह की परियां।

झीलें हैं कि नीलम के तराशे हुए प्याले,

    फ़ौवारे हैं या गौहर-ओ-अल्मास[9] हैं रक़्सां[10]।

'शाली'[11] के हैं ये खेत कि सब्ज़े के समुन्दर,

    साये हैं चनारों के कि जन्नत के शबिस्तां[12]।

दोशीज़ा-ए-कुहसार[13], पहाड़ों की ग़िज़ाला[14],

    बिन्ते-महो-ख़ुरशीद[15] है हर दुख़्तरे-दहक़ां[16]।

जो छीन ले दिल वो हुनरे-दस्ते-हुनरमंद[17],

    अनमोल मगर जिन्स के बाज़ार में अर्ज़ां[18]।

---

1. कश्मीर का सौन्दर्य 2. कश्मीर की घाटी 3. दीपमाला 4. आँचल 5. कश्मीर का सर्वप्रिय बाजा 6. आवारा, मस्त और संगीतपूर्ण 7. क्षितिज के परिस्तान से 8. ऊषा-रूपी वस्त्र 9. मोती और हीरे 10. नृत्य कर रहे हैं 11. कश्मीरी भाषा में धान को 'शाली' कहते हैं 12. शयनागार 13. पहाड़ों की सुन्दरी 14. हरिणी 15. चाँद-सूरज की बेटी 16. किसान की बेटी 17. कला-कौशल-युक्त हाथों द्वारा निर्मित हस्तकला की वस्तुएँ 18. सस्ती

इख़लासो-मोहब्बत[1] की वो गूँधी हुई मट्टी,
अख़लाक़ो-मुरौवत[2] के वो ढाले हुए इन्सां।
शायर को यक़ीं है कि निखर आयेगा इक रोज़,
वो हुस्न जो इफ़्लास[3] की चादर में है पिनहां[4]।

---

1. स्नेह 2. शिष्टाचार, सदाचार, आपसदारी 3. निर्धनता 4. छुपा हुआ

दिल और शिक़स्त-ए-दिल

वफ़ा-पैकर थी वो लेकिन, वफ़ा नाआशना निकली
वो नग़्मा थी, शिकस्ते-शीशःए-दिल की सदा निकली

चरागे-लालः ए-सहरा की सूरत दिल में रौशन थी
मगर पल भर में सहराओं की बेपर्वा हवा निकली

बहुत बेबाक आना था, बहुत दुज़्दाना जाना था।
ये मेरे दिल की धड़कन भी वही आवाज़े-पा निकली

वफ़ा कैसी, कहाँ की बेवफ़ाई, इश्क़ की मंज़िल
थी मक़्तलगाह जिसमें हुस्न की तेग़ो-अदा निकली

ये सारा खेल था जो वक़्त के शातिर ने खेला था
न कुछ उसकी ख़ता निकली, न कुछ अपनी ख़ता निकली

कोई मंज़िल नहीं आवारःए-कूए तमन्ना की
नयी ख़ुशबूए-पैराहन लिये बादे-सबा निकली

निगारे-आतशीं-रुख़ और कोई आने वाला है
दिले-वीराँ की तारीकी में हलका-सा उजाला है

कोई तो ज़ख़्मे-दिल पर महमे-मेहरो-वफ़ा रक्खे
कोई तो दर्द के रुख़सार पर दस्ते-शिफ़ा[1] रक्खे

फिर वही मेहरो मुरव्वत फिर वही शौक़े फ़ुज़ूल
फिर वही सहराए-दर्द और दर्द के सहरा का फूल

---

1. सद्भाव एवं आत्मीयता का हाथ

न कोई उसकी तरह है न वो किसी की तरह
करिश्मा हुस्न का हाफ़िज़ की शाइरी की तरह

तमाम शहदे - विसालो - तमाम ज़हरे - फ़िराक़
वो नौबहारे-तमन्ना है ज़िन्दगी की तरह

ये मेरा इश्क़ कि उसके बदन का शो'ला है
ये उसका हुस्न, कि है मेरी तश्नगी की तरह

मिले तो ऐसे मिले जैसे दोस्त बरसों के
छुटे तो ऐसे, कि लगते हैं अजनबी की तरह

चुराया जिसने, कोई साहिबे-नज़र होगा
चमक रही थी वो हीरे की रौशनी की तरह

चमन में रूह के तितली की तरह आयी थी
और अब गयी है तो सावन की चाँदनी की तरह

तमाम कैफ़ियते - ज़िस्मो - जाँ तमाम हुई
किसी का प्यार नहीं उसकी दिलबरी की तरह

'चमक रहा था मिज़ा[1] पर सितारः:ए-सहरी'[2]
उदास वो भी थी 'सरदार जाफ़री' की तरह

---

1. पलक 2. सुबह का तारा

एक याद

फूल थे सूर्ख, बहारें थीं जवां
वो महकती हुई बातें, वो महकते हुए होंट
वो तबस्समु[1] कि शफ़क़[2] शर्माये
क़हक़हे, रागनी जिस तरह फ़िज़ा में[3] लहराये
जिस्म पाकीज़ा-ओ-शादाबो-जवां[4]

चांदनी जैसे मुजस्सम[5] हो जाये
ऐसे ही हुस्न से यूनान के फ़नकारों ने[6]
अपनी वीनस के तसव्वुर[7] को तराशा होगा
ऐसे ही हुस्न के चेहरे से तख़य्युल[8] लेकर
अहदे-पारीना के[9] नक़्क़ाशों ने[10]
अपने ख़्वाबों की अजन्ता को संवारा होगा

वो समुन्दर का किनारा, वो चमकती हुई रेत
मौजें[11] पिघले हुए नीलम की तिलिस्मी[12] परियाँ
रक़्स[13] करती हुई आती थीं तेरे क़दमों में
और फिर रेत में खो जाती थीं
डूबती शाम के सूरज की सुनहरी किरनें

---

1. मुस्कुराहट 2. ऊषा 3. वातावरण में 4. पवित्र, सुसिक्त और युवा 5. साकार 6. कलाकारों ने 7. प्रणिधान 8. कल्पना 9. प्राचीन काल के 10. चित्रकारों ने 11. लहरें 12. जादुई
13. नृत्य

तेरे काकुल[1], तेरे रुख़सार पे[2] सो जाती थीं
और हवायें तेरे आंचल को, तेरे शानों को[3]
शौक़ से चूम के दीवानी सी हो जाती थीं
और मैं अपने रक़ीबों पे हँसा करता था।

---

1. केशपाश 2. कपोलों पर 3. कन्धों को

ख़्वाब-ए-परीशाँ

मेरे दुश्मन की बेटी थी वो

उसकी राहों में बारूद थी

फ़र्शे-मख़मल न था

आग के पेड़ थे

और शाख़ों में अंगारों के फूल थे

सर पे मेरे वतन के जहाज़

और दुश्मन के तय्यारे मसरूफ़े-पैकार थे

आसमां से क़यामत बरसने लगी

उसको मालूम था उसके दुश्मन का बेटा हूँ मैं

मुझको मालूम था मेरे दुश्मन की बेटी है वो

उसकी आँखों में मासूमियत, ख़ौफ़ और बेबसी थी

और उस ख़ौफ़ के गहरे ग़ारों में

हर चीज़ गुम हो चुकी थी

रहनुमाओं की तक़रीरें

अहले-सियासत के दीवानापन के बयानात

अख़बारों के इक़्तिबासात[1]

हथियारों के ताजिरों के जुनूँख़ेज़ एलान

रॉकेटों की सदा और तय्यारों[2] की घनगरज

कुछ न था

सिर्फ़ एक दिल धड़कने की आवाज़ थी

---

1. विवरण 2. हवाई जहाज़

दो दिलों की वो आवाज़ जो एक दिल बन गये थे
हाथ से हाथ मस होने की
जिस्म से जिस्म छूने की आवाज़
और हम दोनों
बेताब सांसों के बेरब्त-से साएबाँ[1] के तले
ख़ौफ़ के ग़ार में

सब बलाओं से महफ़ूज़ थे
उसका सारा बदन प्यार ही प्यार था
मेरा सारा बदन हुस्न ही हुस्न था
इक नदी थी जो ख़ामोशी से बह रही थी
कोंपलें हँस रही थीं
फूल ख़ामोशी से खिल रहे थे
और दुश्मन की सरहद की ठंडी हवाएं
और मेरे वतन की महकती हवाएं
गले मिल रही थीं
उनको परवाना-ए-राहदारी[2] की कोई ज़रूरत न थी

रक़्से-इबलीस[3]

और इतने में ज़र्रात फटने लगे
और हर ज़र्रे के दिल से ख़ुर्शीद का ख़ून उबलने लगा
नूर ने नार की शक्ल में
सारे जिन्नात, सारे शयातीन के पाँव की बेड़ियाँ काट दीं
और फ़ज़ाओं में ज़हरीले सूरज बरसने लगे

---

1. छाया-स्थल 2. पासपोर्ट 3. शैतान का नाच

फिर ख़लाओं में सूरज बरसते रहे
एक सूरज में लाखों जहन्नम
हर तरफ़ रक़्से-इबलीस था
रक़्से-इबलीस का देखने वाला कोई न था
हर तरफ़ उसकी आवाज़ थी
जैसे इक आतशीं क़हक़हा
कोई भी सुननेवाला न था
बस ख़ुदा, इक ख़ुदा
वहदहू-लाशरीक

रक़्से-इबलीस के बाद

इमारतें उड़ गयीं फ़ज़ा में
पहाड़ धुनकी हुई रुई के दहकते गाले
जो अपने शो'लों से आसमानों को चाटते हैं
ख़लाओं की आतशीं हवाएँ[1]

जो क़ल्बे-ख़ुर्शीद में पली हैं
गुरूर से रक़्स कर रही हैं
ज़मीन वीरान हो चुकी है
न तोतले इश्क़ हैं न माँओं की उँगलियाँ हैं
न नन्हे-नन्हे हसीन कीड़े
न बुलबुलें हैं न कोयलें हैं
ज़मीन इक आग का कुर्रा है
दरख़्त हैं आग के
हवा आग की है
और आग का समुन्दर
न कोई सरमायादार बाक़ी
न कोई मज़दूर रह गया है

---

1. सौर मण्डल की गर्म हवाएँ

न अब कोई इन्क़िलाब होगा
न कोई ताबीर और न कोई
हसीनो-दीवाना ख़्वाब होगा
न शाम होगी न जाम होगा
न दिल के सह्ने-हसीं में कोई हसीन महवे-ख़िरम[1] होगा

हर एक शय आग बन चुकी है
जहन्नमों में बदल चुकी है
जो अस्लिहा बेचते थे
वो सब हैं नज़्रे-आतश
जिन्हें थी हथियारों से महब्बत
वो नज़्रे-आतश
जिन्हें थी हथियारों से अदावत
वो नज़्रे-आतश
जो क़त्ल करते थे नज़्रे-आतश
जो क़त्ल होते थे नज़्रे-आतश

हज़ारहा[2] साल बाद अगर फिर ज़मीं बनेगी
न जाने कैसा निज़ाम होगा
ख़बर नहीं क्या वहाँ बशर का भी नाम होगा

सुनो इक आवाज़ आसमानों से आ रही है
निज़ामे-शम्सी[3] उदास है
उसका एक सय्यारा खो गया है
जो वुस्अते-क़ाइनात का शोख़ो-शंग नीलम था[4]
अश्क बनकर टपक गया है

---

1. धीमे-धीमे चलता हुआ 2. हज़ार का बहुवचन 3. सौरमण्डल 4. अन्तरिक्ष यात्रियों का कहना है कि अन्तरिक्ष से पृथ्वी एक नीले रंग के सितारे की तरह दिखाई देती है

ये ख़ित्तःए-ज़मृहरीर जिस पर करोड़ों सदियाँ गुज़र चुकी हैं
करोड़ों नूरी बरस[1] जहाँ अपना सारा मफ़हूम खो चुके हैं[2]
बिसाते-रक़्क़ासःए-फ़लक था
ज़मीं की नीलम परी का मस्कन
और उसके अतराफ़ कहकशाओं के सिलसिले थे
तमाम सय्यारों से मुक़द्दस
पयम्बरों की ज़मीं
आयाते-आसमानी की जो अमीं थी
वह नफ़अखोरों की शैतनत से शिकस्त खाकर
ख़ला में रूपोश हो गयी है

ख़्वाबे-परीशाँ

ये ख़्वाब ख़्वाबे-परेशाँ था और कुछ भी न था
बशर ने रोक दिया दस्त-ज़ुल्मो-ज़ुल्मत को
ज़मीन अब भी दरख़शाँ है अब भी रक़्साँ है
फिर आरज़ू के चिरागों से दिल फ़ुरोज़ाँ है
वो ख़ौफ़ो-दर्द के ग़ारों से आफ़ताब आये
वो हुस्नो-इश्क़ के रंगीन माहताब आये
वो बोसा-बोसा चमन-दर-चमन गुलाब आये

---

1. प्रकाशवर्ष 2. अन्तरिक्ष में समय का हिसाब सूरज के गिर्द पृथ्वी की परिक्रमा से नहीं
होता, बल्कि प्रकाश की गति से होता है

हुस्ने-नातमाम[1]

किस क़दर शादाबो-दिलकश[2] है वो हुस्ने-नातमाम,
जिसकी फ़ितरत गुन्चगी[3], दोशीज़गी[4] है जिसका नाम।

जिस तरह पिछले पहर का साफ़ो-पाकीज़ा उफ़क़[5],
जिसके सीने से अभी पहली किरन फूटी नहीं।

जिस तरह इक खिलने वाली नाशगुफ़्ता[6] सी कली,
जिसके दामन तक अभी बादे-सहर[7] पहुंची नहीं।

बर्गे-गुल[8] पर जिस तरह शबनम की इक नन्ही सी बूंद,
जो शुआ-ए-मेहरे-ताबां से[9] अभी उल्झी नहीं।

जिस तरह साग़र में[10] सहबा[11] जैसे मीना में[12] शराब,
जो अभी मचली नहीं, छलकी नहीं, उबली नहीं।

जिस तरह इक शोख़ बिजली बादलों की आड़ में,
जो अभी तड़पी नहीं, चमकी नहीं, टूटी नहीं।

---

1. अपूर्ण सौन्दर्य 2. मनोहर 3. कली की-सी प्रकृति 4. कौमार्य 5. स्वच्छ तथा पवित्र क्षितिज
6. बिन खिली 7. प्रभात-समीर 8. फूल की पत्ती 9. प्रकाशमान सूरज की किरण से
10. प्याले में 11. शराब 12. सुराही में

जिस तरह गेसू-ए-पेचां[1] जैसे जुल्फ़ें-ख़म-ब-ख़म[2],
जो अभी खुलकर हवा के दोश पर[3] महकी नहीं।

जिस तरह दरिया में मोती, जैसे मौजों में सदफ़[4],
चश्मे-इन्सां ने[5] अभी जिनकी चमक देखी नहीं।

जैसे ज़हने-पाके-शायर में[6] तख़य्युल की[7] परी,
जो अभी तक शीशा-ए-अल्फ़ाज़ में[8] उतरी नहीं।

जिस तरह आँखों में हल्के से तबस्सुम की[9] झलक,
जो किरन बनकर लबो-रुख़्सार पर[10] बिखरी नहीं।

अब तलक यूंही अछूता है वो हुस्ने-नातमाम,
जिसकी फ़ितरत गुन्चगी, दोशीज़गी है जिसका नाम।

लेकिन इक दिन हर सदफ़ को टूट जाना चाहिए,
हर कली को फूल बनकर मुस्कराना चाहिए।

1-2. पेचदार केश 3. कन्धे पर 4. सीप 5. मानव नेत्रों ने 6. शायर के पवित्र मस्तिष्क में
7. कल्पना की 8. शब्दों के शीशे (बोतल या सुराही) में 9. मुस्कुराहट 10. होंठों और
कपोलों पर

आबला-पा

काँटों की ज़बाँ सूख गयी प्यास से या रब
इक आबला-पा वादि-ए-पुरख़ार में आवे
—ग़ालिब

साये में दरख़्तों के
बैठे हुए इन्सानो
ऐ वक़्त के मेहमानो
किस देस से आये हो
किस देस को जाना है
ऐ सोख़्ता-सामानो

ये वुसूअते-मैदाँ है
या दर्द का सहरा है
इक धूप का जंगल है
या प्यास का दरिया है
दरिया के परे क्या है
पत्थर है कि चश्मा है
नग़्मा है कि नालः है
शबनम है कि शो'ला है
शायद कोई साहिर है
जो डूबते सूरज के
दरवाज़े पे बैठा है
अफ़सूने-तमाशा है

2

हे रात की राहों में
तारों का सफ़र जारी
और बादे-बियाबानी
सरमस्तो-ग़ज़ल-ख़्वाँ है
हर ज़र्रे के सीने में
इक शम्अ फ़ुरोज़ाँ है
हर ख़ार के नेज़े पर
ख़्वाबों का गुलिस्ताँ है

3

ऐ इश्क़ जुनूँ-पेशा
उस सिम्त ही चलना है
डूबा है जवाँ सूरज
निकला है जवाँ सूरज
वाँ रेत के टीले पर
या नाक़: ए-लैला है
या महमिले-सलमा है

4

सद-क़ाफ़िला पिन्हाँ है
सद-क़ाफ़िला पैदा है
आवाज़े-जरस[1] लेकिन
इस दश्त में तन्हा है

---

1. घण्टे की आवाज़

सदियों से इसी सूरत
है हुक्मे - सफ़र जारी
फ़र्माने - सितम जारी
एलाने - करम जारी

फूलों के कटोरों में
शबनम की गुलाबी[1] है
और बादे - सहरगाही
बदमस्त शराबी है
कल सुबह के दामन में
तुम होगे न हम होंगे
बस रेत के सीने पर
कुछ नक़्शे-क़दम होंगे
साये में दरख़्तों के
फिर लोग बहम होंगे

किस देस से आये हो
किस देस को जाना है
ऐ वक़्त के मेहमानो
ऐ शम्ए-तमन्ना पर
जलते हुए परवानो
ऐ सोख़्ता - सामानो!

---

1. मदिरा पात्र, मदिरा

जेल की रात

पहाड़ सी रात
उदास तारे, थके मुसाफ़िर
घना अंधेरा, स्याह जंगल
जहां सलाख़ें उगी हुई हैं
अज़ीयतों के[1] पुराने इफ़रीत[2] क़ैदियों को निगल रहे हैं
ख़मोशी सहमी हुई खड़ी है
स्याही अपने स्याह दांतों से रोशनी को चबा रही है
उचाट नींदों के नाग आँखों को डस रहे हैं
मैं छिद रहा हूँ हज़ार काँटों से अपनी बेचैन करवटों में
ये रात भी कल की रात की तरह अपनी सफ़्फ़ाकियों को[3] लेकर
उफ़ुक़[4] के उस पार जा छुपेगी
मगर मुझे डस नहीं सकेगी
मेरी निगाहों में मेरी महबूब[5] तेरी सूरत रची हुई है
ये चांद मेरी हसीन यादों के आस्मां पर खिला हुआ है
तेरे तसव्वुर से मेरे सीने में चांदनी है।

---

1. कष्टों के 2. राक्षस 3. क्रूरताओं को 4. क्षितिज 5. प्रेयसी

मेरा सफ़र

फिर इक दिन ऐसा आयेगा
आँखों के दीये बुझ जायेंगे
हाथों के कंवल कुम्हलायेंगे
और बर्गे-ज़बां से[1] नुत्क़ो-सदा[2]
की हर तितली उड़ जायेगी
इक काले समुन्दर की तह में
कलियों की तरह से खिलती हुई
फूलों की तरह से हँसती हुई
सारी शक्लें खो जायेंगी
ख़ून की गर्दिश[3] दिल की धड़कन
सब रागनियां सो जायेंगी
और नीली फ़ज़ा[4] की मख़मल पर
हँसती हुई हीरे की ये कनी
ये मेरी जन्नत, मेरी ज़मीं
इसकी सुबहें, इसकी शामें
बे-जाने हुए बे-समझे हुए
इक मुश्ते-गुबारे-इन्सां पर[5]

---

1. ज़बान रूपी पत्ते से 2. वाक्-शक्ति तथा शब्द 3. दौरा 4. वायुमंडल 5. मुट्ठी-भर मनुष्य रूपी मिट्टी पर

शबनम की तरह रो जायेंगी
हर चीज़ भुला दी जायेगी
यादों के हसीं[1] बुतख़ाने से
हर चीज़ उठा दी जायेगी
फिर कोई नहीं ये पूछेगा
'सरदार' कहां है महफ़िल में
लेकिन मैं यहाँ फिर आऊंगा
बच्चों के दहन[2] से बोलूंगा
चिड़ियों की ज़बाँ से गाऊँगा
जब बीज हँसेंगे धरती में
और कोंपलें अपनी उंगली से
मिट्टी की तहों को छेड़ेंगी
मैं पत्ती-पत्ती, कली-कली
अपनी आँखें फिर खोलूँगा
सरसब्ज़ हथेली पर लेकर
शबनम के क़तरे तोलूंगा
मैं रंगे-हिना[3], आहंगे-ग़ज़ल[4]
अन्दाज़े-सुख़न[5] बन जाऊँगा
रुख़सारे-उरूसे-नौ की[6] तरह
हर आंचल से छन जाऊंगा
जाड़ों की हवाएं दामन में

---

1. सुन्दर 2. मुँह 3. मेहँदी का रंग 4. ग़ज़ल का आलाप 5. शे'र कहने या बात कहने का
ढंग 6. नयी दुल्हन के कपोल की

जब फ़स्ले-ख़िज़ां को[1] लायेंगी
रहरौ[2] के जवां क़दमों के तले
सूखे हुए पत्तों से मेरे
हँसने की सदायें[3] आयेंगी
धरती की सुनहरी सब नदियां
आकाश की नीली सब झीलें
हस्ती से मेरी भर जायेंगी
और सारा ज़माना देखेगा
हर क़िस्सा मेरा अफ़साना है
हर आशिक़ है 'सरदार' यहाँ
हर माशूक़ा 'सुल्ताना'[4] है
मैं एक गुरेज़ां लम्हा[5] हूँ
अय्याम के अफ़सूँख़ाने में[6]
मैं एक तड़पता क़तरा हूँ
मसरूफ़े-सफ़र[7] जो रहता है
माज़ी[8] की सुराही के दिल से
मुस्तक़बिल[9] के पैमाने में
मैं सोता हूँ और जागता हूँ
और जाग के फिर सो जाता हूँ
सदियों का पुराना खेल है ये
मैं मर के अमर हो जाता हूँ।

---

1. पतझड़ 2. पथिक 3. आवाज़ें 4. कवि की पत्नी का नाम 5. भागा हुआ क्षण 6. समय
के जादूघर में 7. गतिशील 8. अतीत 9. भविष्य के

नयी नस्ल के नाम

मुझसे नज़रें चुरा कर कहां जाओगे
ऐ मिरे आफ़ताबो
राह में रात की बेकराँ झील है
और ऊँची हैं लहरें
आसमाने सुख़न के नये माहताबो
तीरगी[1] ढूँढती फिर रही है तुम्हारा पता
और वो सिर्फ़ मैं जानता हूँ
दर्द की शाहराह से गुज़र कर
आंसुओं की नदी के किनारे
ग़म की बस्ती में जो नूर का झोंपड़ा है
उसमें रहते हो तुम
मेरी की तरह खानः-ख़राबो
साज़िशें कर्गसों की तरह उड़ रही हैं
उनके पर थक के गिर जायेंगे
और तुम्हारी बलन्दी न छू पाएँगे
तुम इसी तरह परवाज़ करते रहोगे
और तुम्हारे परों की चमक
कहकशाँ, कहकशाँ, गीत गाती रहेगी
ऐ मिरे शोलः-पैकर उक्काबो

---

1. अन्धकार

अपने लौहो-क़लम तो दिखाओ ज़रा
सच कहो, क्या तुम्हारे तराशे हुए लफ़्ज़ में
मेरी आवाज़ का शाइब:[1] भी नहीं
मेरी आवाज़ जो पहले ग़ालिब की आवाज़ थी
और फिर रूहे-इक़बाल का ज़मज़म:[2] बन गयी
आज के नग्म:-ए-शौक़ में ढल गयी

सुब्हे-फ़र्दा[3] की वादी में जूए-रवां है
मेरी आवाज़
पत्थर में शो'ल: है
शो'ले में शबनम
और तूफ़ां में तूफ़ां
और तुम्हारे भी सीने में उसकी चुभन है
सच कहो
आने वाले ज़माने की रौशन किताबो

मुझसे नज़रें चुराकर कहां जाओगे?

---

1. मिश्रण, मिलावट 2. संगीत, लय 3. आने वाले कल की सुबह

समन्दर की बेटी

'हमें हुस्न का मे'यार बदलना है।'

—प्रेमचन्द

जब वह बोझ उठाती है

और टोकरी सर पर रखती है

दो हाथों की कौसे-कुज़ह[1] में

उसकी गर्दन और भी ऊँची हो जाती है

इक तलवार-सी खिंच जाती है

यह गर्दन जो कभी नहीं झुक पाती है

(हाँ शर्माकर झुक जाने की बात अलग है)

यह गर्दन

जो जिस्म के ऊपर

चेहरे के गुलदस्ते को

और होंटों के बर्गे-गुल को

आरास्ता करना जानती है

जैसे कोई दस्ते-हिनाई

नाज़ो-अदा से इश्क़ो-जुनूं को

हुस्न का तुहफ़: पेश करे

दरियाओं की सिमटी चांदनी

सोने जैसी धूप में जगमग, जगमग करती

---

1. लाल, पीले और हरे रंग का इन्द्रधनुष

सड़कों और गलियों से ऐसे गुज़रती है
जैसे कोई मग़रूर जवानी
अपने बदन पर, अपने बदन की किरनों का पैराहन पहने
बहक रही हो
उसकी चाल में फ़ितरी लोच हवाओं का
पानी की लहरों की रवानी
उसका सीनः बोझ के नीचे

और उभरकर
चांद और सूरज पर हँसता है
उसकी भौओं की शोख़ कमानें
तन जाती हैं
कूल्हे और कमर की जुम्बिश
रानों से पैरों के तलवों तक बल खाती चली जाती है
उसमें है रफ़्तारे-ज़माना की बेबाकी
जो सदियों से ताजो-तख़्त को ठुकराती
और महलों को क़ब्रों में सुलाती
रवां दवाँ है

ऊँची एड़ी
हिरनखुरी की जूतियाँ पहने
उचक-उचक कर चलनेवाली दोशीजाएँ
घबरा कर पीछे हट जाती हैं
और मछेरन अपनी चांदी, अपना सोना
सर पे उठाये
आगे बढ़ जाती है

उसके बालों और बालों में सजे हुए फूलों की ख़ुशबू
चारों सिम्त बिखर जाती है
दूर से एक आवाज़ आती है
मछली ले लो
मछली ले लो

रोज़ सहर को
नीले साहिल की यह नीलम-पैकर[1] बेटी
रंगे-शफ़क़[2] से ज़ाहिर होकर
शाम तलक
फिर रंगे-शफ़क़ के पर्दे में छुप जाती है
और समन्दर गीत सुनाता रहता है
मैंने अजन्ता की आँखों में
उसको फ़ुरोज़ाँ देखा है

---

1. नीलम-सी देह वाली 2. उषाकाल की लालिमा

परवीन शाकिर

वह विद्यापति की शायरी की
मासूम-ओ-हसीन-ओ-शोख़ राधा
वह अपने ख़याल का कन्हैया
उस शहर में ढूँढ़ने गयी थी
दस्तूर था जिसका संगबारी

वह फ़ैज़-ओ-फ़िराक़ से ज़ियादः
तक़दीसे-बदन की नगमः-ख़्वाँ थी
तहज़ीबे-बदन की राज़दाँ थी
गुलनार लबों की तहनीयत में
गुलनार लबों से गुलफ़िशाँ थी
लब-आशना लब ग़ज़ल के मिसरे
जिस्म-आशना जिस्म नज़्म-पैकर
लफ़्ज़ों की हथेलियाँ हिनाई
तश्बीहों की उंगलियां गुलाबी
सरसब्ज़ ख़याल का गुलिस्ताँ
मुब्हम[1]-से कुछ आंसुओं के चश्मे
आहों की वो हल्की-सी हवाएं
सदबर्ग हवा में मुन्तशिर[2] थे
तितली थी कि रक़्स कर रही थी
और दर्द के बादलों से छन कर
नग़्मों की फुवार पड़ रही थी

---

1. छुपे हुए, सूक्ष्म 2. बिखरे हुए

पुरशोर मुनाफ़िक़त[1] के बाज़ार
अफ़वाहें फ़रोख़्त कर रहे थे

वह अपनी शिकस्ता शख़्सीयत को
अशआर की चादरों के अन्दर
इस तरह समेटने लगी थी
एहसास में आ रही थी बुस्अत
नज़रों का उफ़क़ बदल रहा था
और दर्दे-जहाने-आदमीयत
टूटे हुए दिल में ढल रहा था

उस आलमे-कैफ़ो-कम में इक दिन
इक हादिसे का शिकार होकर
जब ख़ूँ का कफ़न पहन लिया तो
अड़तीस सलीबें नौहःख़्वाँ[2] थीं
ख़ामोश था कर्बे-ख़ुदकलामी
अब कुछ नहीं रह गया है बाक़ी
बाक़ी है सुख़न की दिलनवाज़ी

जन्नत में है जश्ने-नौ का सामाँ
महफ़िल में मजाज़-ओ-बायरन हैं
मौजूद हैं कीट्स और शैली
ये मर्गे-जवाँ के सारे आशिक़
ख़ुश हैं कि ज़मीने-पाक से इक
नौमर्ग[3] बहार आ गयी है
लिपटी हुई ख़ाक की है ख़ुशबू
और सायःफ़िगन[4] सहाबे-रहमत[5]

---

1. लाभ कमाना 2. मातम करने वाली 3. जिसकी युवावस्था में मृत्यु हुई हो 4. छाया करने
वाले 5. कृपा के बादल

ग़ज़लें और शे'र

एक जूए-दर्द[1] दिल से जिगर तक रवां है[2] आज,
पिघला हुआ रगों में इक आतिशफ़िशां[3] है आज।

लब[4] सी दिये हैं ता[5] न शिकायत करे कोई,
लेकिन हर-एक ज़ख़्म के मुंह में जुबाँ है आज।

तारीकियों ने[6] घेर लिया है हयात को,[7]
लेकिन किसी का रू-ए-हसीं[8] दर्मियां है आज।

जीने का वक़्त है यही मरने का वक़्त है,
दिल अपनी ज़िन्दगी से बहुत शादमां[9] है आज।

हो जाता हूँ शहीद हर अहले-वफ़ा के साथ,
हर दास्ताने-शौक़[10] मेरी दास्तां है आज।

आये हैं किस निशात[11] से हम क़त्लगाह में,
ज़ख़्मों से दिल है चूर नज़र गुलफ़िशां[12] है आज।

ज़िन्दानियों ने[13] तोड़ दिया जुल्म का ग़रूर,
वो दबदबा वो रौबे-हुकूमत कहां है आज।

---

1. पीड़ा की नदी 2. बह रही है 3. ज्वालामुखी 4. होंट 5. ताकि 6. अँधेरों ने 7. जीवन को 8. सुन्दर मुखड़ा 9. प्रसन्न 10. प्रेम की कहानी 11. आनन्द 12. फूल बिखेरती हुई 13. क़ैदियों ने

मेरी मोहब्बत की कोई क़ीमत नहीं है, कोई सिला[1] नहीं है।
मुझे किसी से कोई शिकायत नहीं है कोई गिला नहीं है।।

मैं अपने मजबूर दिल के हाथों कुछ इतना मजबूर हो गया था।
मैं तुमको अपनी तरह का इन्सां समझ के मसहूर[2] हो गया था।।

ख़बर न थी पत्थरों के सीने में दिल बनाता रहा हूँ अब तक।
मैं बर्फ़ की सिल पे अपनी चिंगारियाँ लुटाता रहा हूँ अब तक।।

मैं गीत गाता रहा हूँ हाथों में एक टूटा सितार लेकर।
रहा हूँ मैं बेक़रार अक्सर तुम्हें खुद अपना क़रार देकर।।

मेरी मोहब्बत, मेरी अक़ीदत[3] का अब मुझे ये सिला मिला है।
कि मेरे ज़ख़्मे-जिगर को मेरे ही तारे-दिल से सिया गया है।।

अगर कोई और मेरे अहदे-वफ़ा का आईनादार होता।
अगर तुम्हारी जगह कोई और दूसरा ग़मगुसार[4] होता।।

तो मैं उसे अपनी रूह से अपने दिल से बाहर ढकेल देता।
मैं उसके सर पर हिक़ारतों के[5] जहन्नुमों को उंडेल देता।।

मगर मैं अब तुमको क्या कहूँ, मेरी रूहो-दिल का सरूर हो तुम।
मुझे अंधेरा भी दो तो खुश हूँ कि मेरी आँखों का नूर हो तुम।।

---

1. मूल्य, प्रतिफल 2. मंत्र-मुग्ध 3. श्रद्धा 4. सहानुभूति प्रकट करने वाला 5. घृणाओं के

फिर वही गलियां वही अगला तवाफ़े-कूए-यार[1]।
इश्क़ को मुज़दा[2] कि फिर सामाने-रुसवाई है आज[3]।।

कौन है जिस से संभाला जायेगा मेरा जुनूँ[4]।
ख़ुद ही पाये-शौक़ को[5] ज़ंजीर पहनाई है आज।।

डर रहा हूँ जानो-तन को फूंक डालेगी ये आग।
मेरे सीने में जो ज़ब्ते-ग़म ने[6] भड़काई है आज।।

कह दो सय्यादों से[7] गुलचीनों को कर दो होशियार।
फ़स्ले-गुल ने[8] दूर तक ज़ंजीर फैलाई है आज।।

एक साहिल है कि उभरा है भँवर की गोद से।
एक किश्ती है कि तूफ़ानों से टकराई है आज।।

जब उठा नब्ज़ों में ख़ूं रोशन हुए दिल में चिराग़।
शायरे-आतिश-नवा[9] ने आग बरसाई है आज।।

---

1. यार की गली के चक्कर 2. शुभ सूचना 3. बदनाम होने के साधन जुट गये हैं 4. उन्माद
5. इश्क़ के पाँव को 6. ग़म को दबाने ने 7. शिकारियों से 8. वसन्त ऋतु ने 9. अग्नि-भाषी
शायरी ने

तुम्हारे एजाज़े-हुस्न की[1] मेरे दिल पे लाखों इनायतें[2] हैं।
तुम्हारी ही देन मेरे ज़ौक़े-नज़र की[3] सारी लताफ़तें[4] हैं।।

जवां है सूरज, ज़बीं पे जिसके तुम्हारे माथे की रोशनी है।
सहर हसीं है कि उसके रुख़ पर[5] तुम्हारे रुख़ की सबाहतें[6] हैं।।

मैं जिन बहारों की परवरिश कर रहा हूँ ज़िन्दाने-ग़म[7] में हमदम[8]।
किसी के गेसू-ओ-चश्मे-रुखसारो-लब[9] की रंगी हिकायतें[10] हैं।।

न जाने छलकाये जाम कितने, न जाने कितने सुबू उछाले।
मगर मेरी तिशनगी[11] कि अब भी तेरी नज़र से शिकायतें हैं।।

मैं अपनी आँखों में सैले-अश्के-रवां[12] नहीं बिजलियां लिये हूँ।
जो सर-बुलंद और ग़यूर[13] हैं अहले-ग़म[14] ये उनकी रिवायतें[15] हैं

मैं रात की गोद में सितारे नहीं शरारे[16] बिखेरता हूँ।
सहर[17] के दिल में जो अपने अश्कों से बो रहा हूँ बग़ावतें हैं।।

---

1. सुन्दरता के चमत्कार की 2. कृपायें 3. दृष्टि के सुन्दर स्तर की 4. मृदुलतायें 5. मुखड़े पर 6. सुन्दरतायें 7. दुखपूर्ण कारागार 8. मित्र, साथी 9. केश, नयन, गाल और होंट 10. कहानियाँ 11. पिपासा 12. बहते हुए आँसुओं का तूफ़ान 13. मनस्वी 14. पीड़ित 15. परम्पराएँ 16. चिंगारियाँ 17. प्रभात

आये हम ग़ालिब-ओ-इक़बाल के नग़्मात के बाद
मुस्हफ़े-इश्क़ो-जुनूँ हुस्न की आयात के बाद

ऐ वतन ख़ाके-वतन वो भी तुझे दे देंगे
बच गया है जो लहू अब के फ़सादात के बाद

नारे-नुम्रूद[1] यही और यही गुलज़ारे-ख़लील
कोई आतिश नहीं आतिशक़दः ए-ज़ात के बाद

राम-ओ-गौतम की ज़मीं हुर्मते-इन्सां की अमीं
बाँझ हो जायेगी क्या ख़ून की बरसात के बाद

हमको मालूम है वादों की हक़ीक़त क्या है
बारिशे-संगे-सितम, ज़ामे - मुदारात के बाद

तश्नगी है कि बुझाये नहीं बुझती 'सरदार'
बढ़ गई कौसरो-तस्नीम[2] की सौगात के बाद

---

1. एक अत्याचारी बादशाह, जिसने ख़ुदाई का दावा किया था 2. स्वर्ग की हौज़ और नहर

इश्क़ का नग़मा जुनूँ के साज़ पर गाते हैं हम।
अपने ग़म की आंच से पत्थर को पिघलाते हैं हम।।

जाग उठते हैं तो सूली पर भी नींद आती नहीं।
वक़्त पड़ जाये तो अंगारों पे सो जाते हैं हम।।

ज़िन्दगी को हमसे बढ़कर कौन कर सकता है प्यार।
और अगर मरने पे आ जायें तो मर जाते हैं हम।।

दफ़्न होकर ख़ाक में भी दफ़्न रह सकते नहीं।
लाला-ओ-गुल[1] बन के वीरानों पे छा जाते हैं हम।

हम कि करते हैं चमन में एहतमामे-रंगो-बू[2]।
रू-ए-गेती[3] से नक़ाबे-हुस्न[4] सरकाते हैं हम।।

अक्स[5] पड़ते ही संवर जाते हैं चेहरे के नुक़ूश[6]।
शाहिदे-हस्ती[7] को यूं आईना दिखलाते हैं हम।।

मैकशों को मुज़दा[8] सदियों के प्यासों को नवेद[9]।
अपनी महफ़िल अपना साक़ी लेके अब आते हैं हम।।

---

1. फूल 2. रंग और सुगन्धि का प्रबन्ध 3. सृष्टि के मुख पर से 4. सौन्दर्य का पर्दा
5. प्रतिबिम्ब 6. नैन-नक़्श 7. जीवन रूपी प्रेयसी 8-9. शुभ-सूचना

कमनिगाहों[1] को मैं अन्दाज़े-नज़र[2] देता हूँ,
बेसहर[3] रात को भी रंगे-सहर[4] देता हूँ,

बदगुमां मुझसे ख़िज़ां है तो ख़फ़ा वीराना,
आमदे-फ़स्ले-बहारां की[5] ख़बर देता हूँ।

मोहब्बत इक तड़प है आरज़ू इक कैफ़ियत[6] दिल की।
तेरी आँखों में आकर जाविदां[7] मालूम होती है।।

क़दम रुकते नहीं हैं जादा-ए-राहे-तमन्ना[8] में।
कि नाकामी भी इक संगे-निशां[9] मालूम होती है।।

कहीं बिजली गिरे वो अपना गुलशन हो कि औरों का।
मुझे अपनी ही शाख़े-आशियां[10] मालूम होती है।।

शिकायते-ग़मे-गेती[11] है ज़िन्दगी की दलील।
गुज़रने दे जो उन्हें नागवार गुज़रे है।।

हयात सख़्त सही पर गुज़र नहीं मुश्किल।
कि संगे-सख़्त[12] के दिल से शरार[13] गुज़रे है।।

---

1. कम नज़र वालों (हठबुद्धियों) को 2. देखने का ढंग 3. ऐसी रात जिसकी सुबह न हो
4. सुबह का रंग 5. वसन्त ऋतु के आगमन की 6. अवस्था 7. अमर 8. इच्छा के मार्ग की
मंज़िल 9. मार्ग-शिला 10. घोंसले वाली शाखा 11. सांसारिक दुखों की शिकायत 12. सख़्त
पत्थर 13. चिंगारी

वुफ़ूरे-शौक़ की[1]   रंगीनियां   मत   पूछ।
लबों का प्यार, निगाह की शिकायतें मत पूछ।।

किसी निगाह की नस नस में तैरते काँटे।
वो इब्तदाये-मोहब्बत की[2] राहतें[3] मत पूछ।।

हुजूमे-ग़म ने तो जीना सिखा दिया हमको।
ग़मे-जहां[4] की हैं क्या-क्या इनायतें मत पूछ।।

दिल की आग जवानी के रुख़सारों को[5] दहकाये है।
बहे पसीना मुखड़े पर या सूरज पिघला जाये है।।

मन इक नन्हा-सा बालक है हुमक-हुमक रह जाये है।
दूर से मुख का चांद दिखाकर कौन इसे ललचाये है।।

तेरा दर्द सलामत है तो मरने की उम्मीद नहीं।
लाख दुखी हों, ये दुनिया रहने की जगह बन जाये है।।

दामन झटक के मंज़िले-ग़म से गुज़र गया,
उठ-उठ के देखती रही गर्दे-सफ़र[6] मुझे।

ये है आरज़ू चमन की, कोई लूट ले चमन को
ये तमाम रंगो-नकहत तिरे इख़्तियार में है

तिरे हाथ की बुलंदी में फ़रोगे कहकशाँ है
ये हुजूमे-माहो-अंजुम तिरे इन्तिजार में है

---

1. इश्क़ के आधिक्य की 2. प्रेम के प्रारम्भ की 3. आनन्द 4. सांसारिक ग़म
5. कपोलों को 6. रास्ते की धूल

क़ता

नसीमे-सुबह-तसव्वुर[1] ये किस तरफ़ से चली,
कि मेरे दिल में चमन-दर-किनार[2] आती है।
कहीं मिले तो मेरे गुल-बदन[3] से कह देना,
तेरे ख़याल से बू-ए-बहार[4] आती है।।

झलक

सिर्फ़ लहरा के रह गया आंचल,
रंग बनकर बिखर गया कोई।

गर्दिशे-ख़ूं[5] रगों में तेज़ हुई,
दिल को छूकर गुज़र गया कोई।

फूल-से खिल गये तसव्वुर में,
दामने - शौक़[6] भर गया कोई।

❏❏❏

---

1. कल्पना का प्रभात-समीर 2. वाटिका को बग़ल में लिये 3. फूल जैसा (नाजुक) शरीर रखने वाली 4. वसन्त ऋतु की महक 5. रक्त का संचार 6. शौक़ अथवा इश्क़ का दामन